ESPANHOL
PASSO A PASSO

ESPANHOL
PASSO A PASSO

Charles Berlitz

Charles Berlitz, linguista mundialmente famoso e autor de mais de 100 livros de ensino de línguas, é neto do fundador das Escolas Berlitz. Desde 1967, o sr. Berlitz não está vinculado, de nenhuma maneira, às Escolas Berlitz.

Martins Fontes
São Paulo 2000

Esta obra foi publicada originalmente nos Estados Unidos
da América com o título SPANISH Step-by-Step.
Copyright © 1979 by Charles Berlitz.
Copyright © 1994, Livraria Martins Fontes Editora Ltda.,
São Paulo, para a presente edição.

A edição brasileira da série Passo a Passo
foi coordenada por Monica Stahel.

1ª edição
julho de 1994
3ª edição
junho de 1997
4ª tiragem
novembro de 2000

Tradução
HÉLIO ALAN SALTORELLI

Revisão da tradução
Monica Stahel
Revisão gráfica
Márcio Della Rosa
Fábio Maximiliano Alberti
Produção gráfica
Geraldo Alves
Composição
Renato C. Carbone
Capa
Katia Harumi Terasaka

Dados Internacionais de Catalogação na Publicação (CIP)
(Câmara Brasileira do Livro, SP, Brasil)

Berlitz, Charles
  Espanhol Passo a Passo / Charles Berlitz; tradução de Hélio Alan
Saltorelli. – 3ª ed. – São Paulo : Martins Fontes, 1998.

  Título original: Spanish step-by-step
  2ª tiragem da 3ª edição de 1997.
  ISBN 85-336-0942-6

  1. Espanhol – Estudo e ensino 2. Espanhol – Gramática 3. Espanhol – Livros-texto para estrangeiros – Português I. Título.

98-3331   CDD-468.2469

Índices para catálogo sistemático:
1. Espanhol : Livros-texto para estrangeiros :
Português   468.2469

Todos os direitos para o Brasil reservados à
Livraria Martins Fontes Editora Ltda.
Rua Conselheiro Ramalho, 330/340
01325-000 São Paulo SP Brasil
Tel. (11) 239-3677 Fax (11) 3105-6867
e-mail: info@martinsfontes.com
http://www.martinsfontes.com

SUMÁRIO

PREFÁCIO	IX
COMO PRONUNCIAR O ESPANHOL	XI
CONVERSAÇÃO: NUM CAFÉ	3

A linha de pronúncia — a interrogação e a exclamação — o pronome *usted* — o pronome *tú* — gênero dos substantivos e adjetivos

PASSO 1: LUGARES E OBJETOS	8
CONVERSAÇÃO: UMA CORRIDA DE TÁXI	12

Artigos definidos e indefinidos — os demonstrativos — a contração *al* — *dónde* — acentuação

PASSO 2: O PRESENTE DO INDICATIVO DOS VERBOS	16
CONVERSAÇÃO: NO ESCRITÓRIO	24

Os adjetivos possessivos — o demonstrativo neutro — *quien* e *quienes* — o plural — os verbos *ser* e *estar* — o presente de *hablar* — os adjetivos em *-ble* — a contração *del* — advérbios em *-mente*

PASSO 3: NÚMEROS — COMO USÁ-LOS	29
CONVERSAÇÃO: NA UNIVERSIDADE	36

Preços — números de telefone — ordinais — horas — palavras terminadas em *-ción* — pronomes possessivos

PASSO 4: LOCALIZAÇÃO DE OBJETOS E LUGARES	41
CONVERSAÇÃO: RECEBENDO CORRESPONDÊNCIA E RECADOS	47

O verbo *haber* impessoal — aqui, ali, lá — a terminação *-ísimo* — *no hay de qué* — "ter" ou "estar" — *uno* e *un*

PASSO 5: USO DO PRESENTE DO INDICATIVO — VERBOS DAS TRÊS CONJUGAÇÕES	52
CONVERSAÇÃO: UM CONVITE PARA O CINEMA	65

O espanhol através do espanhol — verbos da 1ª conjugação — *ninguno* — verbos da 2ª conjugação — verbos da 3ª conjugação — verbos irregulares — *venir*, *tener* e *decir* — *vosotros* e *vosotras* — verbo *dar* — o pronome *os* — ¡Hombre!

PASSO 6: RELAÇÕES DE PARENTESCO 70
CONVERSAÇÃO: FALANDO SOBRE UMA FAMÍLIA 74
Relações de parentesco: vocabulário — *y* se transforma em *e* — *novio* e *novia* — castelhano e espanhol

PASSO 7: COMO LER, ESCREVER, SOLETRAR E
    PRONUNCIAR O ESPANHOL 80
CORRESPONDÊNCIA: BILHETE DE AGRADECIMENTO E
    CARTÃO-POSTAL 86
O alfabeto espanhol — o *w* — pronome oblíquo no início da frase — o verbo *llamar* — *estampillas* — *la gente*

PASSO 8: VERBOS BÁSICOS COM REFERÊNCIA AOS SENTIDOS 89
CONVERSAÇÃO: NUMA DISCOTECA 97
Pronomes complementares — objeto direto com *a* — a forma progressiva e o gerúndio — *beber* e *tomar* — *rojo* e *morado*

PASSO 9: PROFISSÕES E OCUPAÇÕES 102
CONVERSAÇÃO: NUMA FESTA 105
Verbos irregulares: *dirigir, conducir, atender* — substantivos terminados em *-ad*

PASSO 10: INFORMAÇÕES SOBRE A DIREÇÃO A SEGUIR —
    VIAGEM DE AUTOMÓVEL 110
CONVERSAÇÃO: DANDO ORDENS 116
O imperativo — a posição do complemento pronominal — no salão de beleza: vocabulário — na barbearia: vocabulário — *pues* e *así*

PASSO 11: DESEJOS E NECESSIDADES (QUERO, POSSO,
    PODERIA, PRECISO, GOSTARIA DE) 124
CONVERSAÇÃO: UM PROGRAMA DE TELEVISÃO 130
Os verbos *poder, deber* e *necesitar* — pronome objeto + infinitivo — no posto de gasolina: vocabulário — o verbo *querer* — o verbo *faltar* — *¡Qué!* — *usted* entre amigos

PASSO 12: USO DOS VERBOS REFLEXIVOS 137
CONVERSAÇÃO: INDO A UMA REUNIÃO DE NEGÓCIOS 144
Verbos reflexivos e verbos pronominais — o pronome para dar ênfase — as nacionalidades do mundo espanhol e latino-americano — imperativo dos verbos pronominais — *¡Ya!* — presente como futuro — *lo* com adjetivos

PASSO 13: PREFERÊNCIAS E OPINIÕES 148
CONVERSAÇÃO: FAZENDO COMPRAS 154
El em lugar de *la* — o verbo *gustar* — objeto indireto duplo — graus dos adjetivos e advérbios — *quiero* e *quisiera* — possessivo depois do substantivo

PASSO 14: COMPRAS NO MERCADO E NOMES DE ALIMENTOS 165
CONVERSAÇÃO: NO RESTAURANTE 169
Profissões terminadas em *-ero* — estabelecimentos comerciais — *pez* — *pescado* — "Claro!" — *molestarse* e *no es molestia*

PASSO 15: USO DO TRATAMENTO FAMILIAR (*TÚ*) 176
CONVERSAÇÃO: NO TERRAÇO DE UM CAFÉ 183
Imperativo para *tú* e *vosotros* — diminutivos — objeto direto "personalizado" — imperativo de *salir*

PASSO 16: DIAS, MESES, ESTAÇÕES DO ANO, O TEMPO 188
CONVERSAÇÃO: FALANDO SOBRE O TEMPO 194
Natal e Páscoa — *hace frío* — *hace calor* — *quedar* e *quedarse*

PASSO 17: FORMAÇÃO DO FUTURO 199
CONVERSAÇÃO: PLANOS PARA UMA VIAGEM AO MÉXICO 206
No médico: vocabulário — construção do futuro a partir do infinitivo — *!Qué se divirta!* — substantivos masculinos em *-aje* — *encontrar* = "achar"

PASSO 18: FORMAÇÃO DO PRETÉRITO INDEFINIDO 213
CONVERSAÇÃO: O QUE ACONTECEU NA FESTA 225
Pretérito indefinido: 1ª conjugação — pretérito indefinido: 2ª e 3ª conjugações — mudanças no radical dos verbos

PASSO 19: USO DO CONDICIONAL PARA PEDIDOS E
CONVITES 231
CONVERSAÇÃO: CONVITE PARA ASSISTIR A UM JOGO
DE FUTEBOL 238
O condicional — *está en la calle* — os esportes: vocabulário

PASSO 20: FORMAÇÃO DO PARTICÍPIO PASSADO
E DO PRETÉRITO PERFEITO 243
CONVERSAÇÃO: O QUE ACONTECEU NO ESCRITÓRIO 251
O particípio passado — *pretérito perfecto*: formação e uso — *extrañar* — ¡*Ya lo creo!*

PASSO 21: O PRETÉRITO IMPERFEITO — TEMPO USADO
        NAS NARRATIVAS   259
CONVERSAÇÃO: REUNIÃO DE FAMÍLIA — RECORDANDO
        O PASSADO   267
O pretérito imperfecto: formação e uso — a 1ª conjugação: *-aba* — a 2ª e a 3ª conjugações: *-ía* —*finca, rancho* ou *hacienda* — *imagínese* e *figúrese* — *solo* e *sólo*

PASSO 22: O MAIS-QUE-PERFEITO E O FUTURO PERFEITO   274
CONVERSAÇÃO: O PROGRESSO DA CIÊNCIA   281
Pluscuamperfecto: formação e uso — os diferentes tempos da ação — socorro: vocabulário —*futuro perfecto:* formação e uso —*fulano, mengano* e *zutano*

PASSO 23: USO DO SUBJUNTIVO   285
CONVERSAÇÃO: CONFLITO DE GERAÇÕES   291
O presente do subjuntivo: formação e uso — o perfeito do subjuntivo: formação e uso — *no hay "pero" que valga* — o imperfeito do subjuntivo: formação e uso — relembrando o imperativo

PASSO 24: CONDIÇÕES E SUPOSIÇÕES   301
CONVERSAÇÃO: O QUE VOCÊ FARIA SE GANHASSE NA
        LOTERIA?   307
Suposições — suposições sobre fatos que nunca ocorreram — o mais--que-perfeito do subjuntivo e o condicional perfeito — infinitivo com o particípio

PASSO 25: COMO LER O ESPANHOL   313
Correspondência comercial — introduções de cartas — finais de cartas — manchetes e notícias — um trecho de *Don Juan Tenorio* — *vosotros* na literatura e no espanhol coloquial

VOCÊ SABE MAIS ESPANHOL DO QUE IMAGINA   319

VOCABULÁRIO PORTUGUÊS-ESPANHOL   320

PREFÁCIO

Espanhol Passo a Passo distingue-se nitidamente de outras obras destinadas a ensinar ou recordar o idioma espanhol.

Este livro será um guia valioso para o seu aprendizado do espanhol, passo a passo, desde o primeiro contato com o idioma até a conversação avançada. Você aprenderá a se exprimir corretamente no espanhol coloquial, sem necessidade de explicações extensas e complicadas. A partir da primeira página você irá se deparar com um material de conversação de aplicação imediata.

Esta obra atinge plenamente seus objetivos pela sua maneira lógica e peculiar de apresentar o idioma, através da abordagem "passo a passo". Cada construção, cada uso verbal, cada expressão do idioma espanhol, os mais diversos tipos de situações e emoções da vida cotidiana, tudo isto é apresentado em modelos de conversação concisos e fáceis de serem seguidos.

Os diálogos, além de interessantes, irão fixar-se facilmente em sua memória, pois baseiam-se em palavras imediatamente utilizáveis na comunicação.

Se você for principiante, ficará surpreso com a facilidade com que aprenderá a falar o espanhol de maneira a ser entendido por pessoas que falam essa língua. Se você já conhecer um pouco do idioma, perceberá que este livro desenvolverá sua compreensão, sua fluência, sua habilidade para incorporar novas palavras a seu vocabulário e, principalmente, sua confiança para expressar-se em espanhol.

Este livro foi organizado em 25 "passos" que irão levá-lo do simples pedido de um café até a habilidade de compreender e construir uma narrativa que envolva um vocabulário mais extenso e tempos verbais complexos. Ao longo do caminho, você aprenderá a iniciar diálogos, contar fatos, pedir informações, usar adequadamente frases de cumprimento e agradecimento, tornando-se apto a participar das mais diversas situações da vida cotidiana dos países de língua espanhola. Simultaneamente você absorverá um vocabulário de milhares de palavras, o uso das várias formas verbais e de uma infinidade de expressões idiomáticas.

Ao longo dos textos, são introduzidas de maneira simples e gradual, sem sobrecarregá-lo, as explicações necessárias para que você possa incorporar os novos conhecimentos e continuar avançando. No final de cada "passo" você encontrará uma parte de aplicação prática, constituída quase sempre por um trecho de conversação que, além de fixar os conceitos aprendidos, mostra hábitos e formas de expressão dos espanhóis.

Ao final do livro você descobrirá que, passo a passo, e com prazer, aprendeu a falar e entender o idioma espanhol.

COMO PRONUNCIAR O ESPANHOL

Todas as frases nas lições e nos diálogos deste livro estão escritas em três linhas consecutivas. A primeira linha está em espanhol, a segunda indica como se deve pronunciá-la e a terceira é a tradução para o português. Para pronunciar bem o espanhol, você deve ler a segunda linha como se fosse português, isto é, dando às letras a pronúncia do nosso idioma. Veja um exemplo:

Buenos días, señor.
buênôs *diás*, sên*hôr*.
Bom dia, senhor.

¿Está libre esta mesa?
ês*tá* li*brê* ês*tá* m*ê*ssá?
Esta mesa está livre?

Na linha de pronúncia, a acentuação gráfica indica o som aberto ou fechado das vogais e os itálicos indicam os sons fortes de cada palavra.

À medida que você for progredindo, tente pronunciar o espanhol sem olhar para a segunda linha, que estará sempre lá se você precisar dela.

Seguem-se algumas observações que certamente irão ajudá-lo a fixar melhor determinadas particularidades da pronúncia do espanhol:

1. A pronúncia do *a* é sempre aberta. Esteja atento para não pronunciar o *a* nasal antes de *m*, *n* ou *ñ*. Para lembrá-lo disso, na linha fonética a pronúncia do *a* será indicada por [á].

    amplio / ***ámp*liô** antiguo / ***ánti*guô** Españã / **ês*pánh*á**

2. A pronúncia do *e* e do *o* é sempre fechada. Esteja atento para não pronunciar o *e* ou o *o* abertos em palavras como *café* ou *español*, influenciado por suas correspondentes no português. Para lembrá-lo disso, na linha fonética as pronúncias do *e* e do *o* serão indicadas respectivamente por [ê] e [ô].

café / cáfê español / êspánhôl

3. O *c* antes de *e* e *i* (*ce, ci*) e o *z*, em algumas regiões da Espanha, são pronunciados como um *s* entre os dentes, lembrando a pronúncia de quem tem "língua presa". No entanto, sua pronúncia mais comum é de "ss", ou do "c" em "ce" e "ci" no português, e assim será indicada neste livro.

cielo / ciêlô azul / ássul

4. O *ch*, em espanhol, é considerado uma letra. Sua pronúncia equivale a "tch" em português.

chico / tchicô charla / tchárlá

5. Cuidado com o *di* e o *ti*. Eles devem ter uma pronúncia "seca", e não "dji" ou "tchi", pronúncia frequente em algumas regiões do Brasil. Treine com:

dia / diá tio / tiô

6. O *g* antes de *e* e *i* (*ge, gi*) e o *j* antes de qualquer vogal são pronunciados como "h" aspirado, ou seja, como se soltássemos o ar com força pela garganta. Na linha fonética sua pronúncia será indicada por [h]. Você pode treinar desde já com:

gitano / hitánô jamón / hámôn

7. O *h* em espanhol não tem som nenhum. Assim,

hora / ôrá anhelo / ánêlô

8. O *l* é pronunciado sempre com a língua no céu da boca. Não se deve pronunciar o *l* no final das sílabas como "u", tendência frequente no português. Treine, por exemplo, com:

alguno / álgunô español / êspánhôl

9. Para o *ll* adotaremos aqui a pronúncia do "lh" do português, embora haja regiões em que é pronunciado como "j" ou como "dj". Assim:

calle / cálhê lleno / lhênô

10. O *n* no final das sílabas deve ser bem pronunciado, de maneira "seca", sem se deixar que seu som "mergulhe" na garganta. A mesma observação vale para os poucos casos de *m* no final das palavras. Treine com:

canción / **cánciôn** item / **itêm**

11. O *ñ* é equivalente ao "nh" do português.

año / **ánhô** pequeño / **pê*qu*ênhô**

12. O *rr* é pronunciado de maneira vibrante, mas não na garganta, como em português. O *r*, quando no início da palavra ou final de sílaba, tem pronúncia forte, quase com o *rr* (é o caso de *rato* e *fuerte*). Iniciando uma sílaba no meio da palavra, o *r* tem pronúncia suave, como em "cara", no português.

13. Em espanhol não há *ss*. O *s* sempre tem o som do "ss" do português.

casa / **cássá** pasado / **pá*ss*ádô**

14. O *x* geralmente é pronunciado como "cs". No entanto, no início da palavra pode ser pronunciado como "s".

táxi / **tácsi** xenofobia / **sênôfô*bi*á**

15. O *y* é pronunciado muitas vezes como "j" ou como "dj", dependendo da região. Aqui adotaremos a pronúncia de "i", a não ser nas palavras *yo* e *ya*, para as quais as pronúncias mais gerais são, respectivamente, [**djô**] e [**djá**].

16. O espanhol é uma língua fonética, ou seja, suas letras têm sempre o mesmo som. Assim, aprendendo o som de cada letra e suas combinações, você será capaz de pronunciar qualquer palavra corretamente.

Agora, uma observação final muito importante:

Na linha de transcrição fonética os acentos são usados para indicar o som aberto ou fechado das vogais, e não para indicar a sílaba tônica. A inflexão das palavras será indicada pelo uso do itálico. Por outro lado, esse itálico não corresponderá necessariamente à sílaba tônica, mas ao som forte da palavra.

Assim, por exemplo, na palavra *cuando*, a sílaba tônica é *cuan*. Mas, para que você tenha ideia exata de sua inflexão, daremos a indicação fonética [**cuándô**], pois o som forte é *an*.

É muito importante que você tenha sempre em mente as observações deste capítulo. Depois de ler cada lição pela primeira vez, leia novamente em voz alta. Vá aumentando sua velocidade de leitura, até chegar ao ritmo normal de conversação. Aos poucos, tente desligar-se da linha da pronúncia, considerando-a como um auxiliar nos momentos de dúvida. Estudando sozinho ou com outra pessoa, tente ler os diálogos desempenhando os diferentes papéis, representando expressões e gestos. Acostumando-se a falar com naturalidade, logo você atingirá o ritmo e a fluência necessários para se fazer entender pelos espanhóis.

ESPANHOL
PASSO A PASSO

CONVERSAÇÃO: NUM CAFÉ

O pequeno diálogo apresentado a seguir é uma cena típica que poderia ocorrer em qualquer café de qualquer país de língua espanhola.

— Buenos días, señor.
  buênôs *diá*s, sên*hô*r.
  Bom dia, senhor.

> ### *A importância da segunda linha*
> *A segunda linha, que indica a pronúncia espanhola, deve ser lida como se você estivesse lendo em português. O resultado será um espanhol compreensível. Para uma explicação detalhada sobre a pronúncia do espanhol, veja a introdução "Como pronunciar o espanhol". Lembre-se de que os acentos ´ e ^ indicam apenas que o e e o o devem ser pronunciados fechados e que o a deve ser pronunciado aberto. O som forte é o que aparece em itálico.*

— Buenos días.
  buênôs *diá*s.
  Bom dia.

— ¿Está libre esta mesa?
  ès*tá* librê ês*tá* mês*sá*?
  Esta mesa está livre?

> ### *A interrogação e a exclamação*
> *Sempre que há uma frase interrogativa ou uma exclamativa, a língua espanhola utiliza um ponto de interrogação ou de exclamação invertido no momento exato em que começa a interrogação ou a exclamação. Isso muitas vezes pode ocorrer no meio da sentença.*

— Sí, señor. Siéntese, por favor.
si, sênhôr. siêntêssê, pôr fabôr.
Sim, senhor. Sente-se, por favor.

— Con su permisso.
côn su pêrmissô.
Com licença.

— Oh, perdone, señora.
ô, pêrdônê, sênhôrá.
Oh, perdoe, senhora.

— No es nada, señor.
nô ês *nádá*, sênhôr.
Não é nada, senhor.

— Camarero, un café negro, por favor.
cámárêrô, un cáfê nêgrô, pôr fábôr.
Garçom, um café puro, por favor.

— Sí, señor, en seguida.
si, sênhôr, ên sêguidá.
Sim, senhor, em seguida.

— Ah, Ramón, ¿cómo está Usted?
á, rámôn, cômô êstá ustê?
Ah, Ramon, como vai?

Usted
Usted — *que pode ser abreviado como* Ud. *ou* Vd. — *é um tratamento formal que corresponde em português a "o senhor" ou "a senhora". A conjugação dos verbos para* usted *é a conjugação para a 3ª pessoa. Seu plural é* ustedes, *abreviado como* Uds. *Note-se que esse tratamento formal pode ser usado mesmo para pessoas que se tratem apenas pelo nome (neste caso, "Ramon", e não "sr. Ramon").*

Tú
O pronome utilizado no tratamento informal, correspondente ao "você", é tú e, no plural, vosotros (e vosotras no feminino).

— Muy bien, gracias. ¿Y Ud.?
mui biên, gráciás. i ustê?
Muito bem, obrigado. E o senhor?

— Así, así. Siéntese un momento, por favor.
ássi, ássi. siêntêssê un mômêntô, pôr fábôr.
Mais ou menos. Sente-se um pouco, por favor.

— Con mucho gusto.
côn mutchô gustô.
Com muito prazer.

— Camarero, por favor, otro café.
cámárêrô, pôr fábôr, ôtrô cáfê.
Garçom, por favor, outro café.

— Muchas gracias.
mutchás gráciás.
Muito obrigado.

— Este café está bueno, ¿no?
êstê cáfê êstá buênô, nô?
Bom este café, não?

— Sí, no está malo.
si, nô êstá málô.
Sim, não está ruim.

— Camarero, la cuenta, por favor.
cámárêrô, lá cuêntá, pôr fábôr.
Garçom, a conta, por favor.

— Aquí está, señor.
áqui êstá, sênhôr.
Aqui está, senhor.

— Gracias por el café.
gráciás pôr êl cáfê.
Obrigado pelo café.

— De nada. Adiós.
dê nádá. ádiôs.
De nada. Até logo.

— Hasta la vista.
ástá lá bistá.
Até a vista.

Masculino e feminino
Como em português, há dois gêneros no espanhol: masculino e feminino. O adjetivo concorda em gênero com o substantivo a que se refere:
   la casa nueva
   el libro nuevo

De modo geral, os substantivos terminados em vogal formam o feminino pela substituição dessa vogal por -a, e os substantivos terminados em consoante formam o feminino pelo acréscimo da terminação -a (amigo/amiga; infante/infanta; orador/oradora; león/leona).
Naturalmente essas regras têm exceções, que você irá conhecendo com a prática. Veja algumas:
   príncipe — princesa
   emperador — emperatriz
   marido — mujer
   artista — artista
   mártir — mártir

De modo geral, os adjetivos masculinos terminados em -o formam o feminino pela substituição dessa vogal por -a, e os adjetivos terminados em -án, -ón, -or (ou os que indicam nacionalidade, terminados em qualquer consoante) formam o feminino pelo acréscimo de -a (bueno/buena; holgazán/holgazana; español/española). Os demais adjetivos permanecem invariáveis no feminino.

TESTE O SEU ESPANHOL

Através da numeração, faça a correspondência entre as frases que se seguem. Marque 10 pontos para cada resposta correta. Veja as respostas abaixo.

1. Bom dia.   __ Con su permiso.

2. Sente-se, por favor.   __ Perdone, señora.

3. Com licença.   __ Buenos días.

4. Desculpe, senhora.   __ ¡Hasta la vista!

5. Não é nada, senhor.   __ Siéntese, por favor.

6. Garçom, um café puro, por favor.   __ ¿Como está Ud.?

7. Sim, senhor, em seguida.   __ Muy bien, gracias. ¿Y Ud.?

8. Como vai o senhor?   __ Camarero, un café negro, por favor.

9. Muito bem, obrigado. E o senhor?   __ Sí, señor, en seguida.

10. Até mais ver.   __ No es nada, señor.

Respostas: 3, 5, 1, 2, 10, 8, 9, 6, 7, 4.

Resultado: _____ %

passo 1 LUGARES E OBJETOS

Un hotel, un restaurante.
un ôtêl, un rêstáurántê.
Um hotel, um restaurante.

Un teatro, un banco.
un têátrô, un báncô.
Um teatro, um banco.

¿Es un restaurante?
ês un rêstáurántê?
É um restaurante?

Sí, es un restaurante.
si, ês un rêstáurántê.
Sim, é um restaurante.

¿Es un hotel?
ês un ôtêl?
É um hotel?

No, señor. No es un hotel.
nô, sênhôr. nô ês un ôtêl.
Não, senhor. Não é um hotel.

¿Qué es?
quê ês?
O que é?

Es un teatro.
ês un têátrô.
É um teatro.

Un taxi, un autobús.
un *tác*si, un*á*utô*bus*.
Um táxi, um ônibus.

¿Es un taxi o un autobús?
ês un *tác*si ô un*á*utô*bus*?
É um táxi ou um ônibus?

Es un taxi.
ês un *tác*si.
É um táxi.

Un cine, una tienda, un museo.
un *ci*nê, *u*ná tiê*n*dá, un mu*ss*êô.
Um cinema, uma loja, um museu.

¿Es una tienda? Sí, es una tienda.
ês *u*ná tiê*n*dá? si, ês *u*ná tiê*n*dá.
É uma loja? Sim, é uma loja.

¿Es un museo? No, no es un museo.
ês un mu*ss*êô? nô, nô ês un mu*ss*êô.
É um museu? Não, não é um museu.

Es un cine.
ês un *ci*nê.
É um cinema.

Una calle, una plaza, una estatua.
***u*ná *cá*lhê, *u*ná *pl*ássá, *u*ná ês*tá*tuá.**
Uma rua, uma praça, uma estátua.

> ***Artigos definidos***
> *masculino singular* — el (el café)
> *plural* — los (los cafés)
>
> *feminino singular* — la (la mesa)
> *plural* — las (las mesas)

Artigos indefinidos
masculino singular — un (un momento)
plural — unos (unos momentos)

feminino singular — una (una cosa)
plural — unas (unas cosas)

¿Qué calle es ésta?
quê *cálhê* ês *êstá*?
Que rua é esta?

Es la calle Cervantes.
ês lá *cálhê* cêr*bántês*.
É a rua Cervantes.

¿Qué plaza es ésta?
quê *plássá* ês *êstá*?
Que praça é esta?

Es la plaza Bolívar.
ês lá *plássá* bô*líbár*.
É a praça Bolívar.

¿Qué estatua es ésta?
quê ês*tátuá* ês *êstá*?
Que estátua é esta?

Es la estatua de San Martín.
ês lá ês*tátuá* dê sán *mártin*.
É a estátua de San Martin.

¿Es éste el autobús para el aeropuerto?
ês êstê êl áutô*bus* párá êl áêrô*puêrtô*?
É este o ônibus para o aeroporto?

Demonstrativos
Os adjetivos demonstrativos em espanhol são:

	singular	*plural*
masculino	este	estos
	ese	esos
	aquel	aquellos
feminino	esta	estas
	esa	essas
	aquella	aquellas

Quando usados como pronomes, eles adquirem um acento gráfico:
   esta calle = *esta rua*
   ¿Qué calle es ésta? = *Que rua é esta?*

   aquel autobús = *aquele ônibus*
   ¿Es aquél el autobús? = *É aquele o ônibus?*

Além disso, há os pronomes demonstrativos esto *("isto"),* eso *("isso") e* aquello *("aquilo").*

CONVERSAÇÃO: UMA CORRIDA DE TÁXI

— Taxi, ¿está libre?
tácsi, êstá líbrê?
Táxi, está livre?

— Sí, señor. ¿Adónde va Ud.?
si, sênhôr. ádôndê bá ustê?
Sim, senhor. Para onde o senhor vai?

— Al Hotel Ávila. ¿Está lejos?
ál ôtêl ávilá. êstá lêhôs?
Ao Hotel Ávila. Fica longe?

> **A + el = al**
> *A preposição a ("para") e o artigo el, quando juntos, contraem-se em al ("ao"). As únicas contrações que existem em espanhol são al e del (de + el = "do").*

— No, señor. No está lejos. Está cerca.
nô, sênhôr. nô êstá lêhôs. êstá cêrcá.
Não, senhor. Não fica longe. Fica perto.

— Perdón. ¿Dónde está el Hotel Plaza?
pêrdôn, dôndê êstá êl ôtêl plássá?
Desculpe. Onde fica o Hotel Plaza?

> **¿Dónde?**
> *Note a diferença entre ¿dónde? ("onde?"), ¿adónde? ("para onde?") e ¿de dónde? ("de onde?").*

— Allí, a la izquierda.
álhi, á lá isquiêrdá.
Ali, à esquerda.

— ¿Es un hotel bueno?
ês un ôtêl buênô?
É um bom hotel?

— Sí, señor, muy bueno... y muy caro.
si, sênhôr, mui buênô... i mui cárô.
Sim, senhor, muito bom... e bastante caro.

— ¿Dónde está el museo nacional?
dôndê êstá êl mussêô náciônál?
Onde fica o museu nacional?

— Al final de esta calle, a la derecha.
ál finál dê êstá cálhê, á lá dêrêtchá.
No final desta rua, à direita.

Ese edificio grande — allí.
êssê êdifíciô grándê — álhi.
Esse edifício grande — ali.

Este es el Hotel Colón.
êstê ês êl ôtêl côlôn.
Este é o Hotel Colombo.

— Muy bien, gracias. ¿Cuánto es?
mui biên, gráciás, cuántô ês?
Muito bem, obrigado. Quanto é?

— Cuatro pesos.
cuátrô pêssôs.
Quatro pesos.

— Vamos a ver — uno, dos, tres, cuatro... y cinco.
bámôs á bêr — unô, dôs, três, cuátrô... i cincô.
Vejamos — um, dois, três, quatro... e cinco.

— Muchas gracias, caballero.
mutchás gráciás, cábálhêrô.
Muito obrigado, senhor.

— De nada.
dê nádá.
De nada.

> ***Quando acentuar as palavras***
> *O único acento que existe em espanhol é o que chamamos "acento agudo" (´). Não há circunflexo (^) nem til (~) ou grave (`). Acentuam-se todas as palavras proparoxítonas: México, América, aéreo. São acentuadas as paroxítonas terminadas em consoante, exceto -n e -s: tórax, cóndor e álbum. Acentuam-se as oxítonas terminadas em vogal, seguidas ou não por n ou s, sempre que possuam mais de uma sílaba: café, francés, aquí. Além disso, há o acento diferencial, colocado em palavras que se escrevem e dizem da mesma forma, mas têm significados diferentes: el ("o") — él ("ele").*
> *Também se acentuam os pronomes interrogativos e exclamativos: quien — ¿quién?; donde — ¿dónde?; que — ¡qué!.*

TESTE O SEU ESPANHOL

Complete as frases a seguir com *es* ou *está*. Marque 10 pontos para cada questão certa. Veja as respostas abaixo.

1. ¿Cómo _____ Ud.?

2. ¿Dónde _____ el teatro?

3. ¿Cuánto _____ ?

4. ¿Dónde _____ el Hotel Plaza?

5. ¿ _____ un taxi o un autobús?

6. El Museo Nacional _____ a la derecha.

7. El restaurante _____ muy bueno y muy caro.

8. ¿ _____ bueno el Hotel Bolívar?

9. ¿Dónde _____ el autobús?

10. ¿Cómo _____ Ramón?

Respostas: 1. está 2. está 3. es 4. está 5. Es 6. está 7. es 8. Es 9. está 10. está.

Resultado: _____%

passo 2 O PRESENTE DO INDICATIVO DOS VERBOS

Unos ejemplos del verbo ser:
unôs êhêmplôs dêl bêrbô sêr:
Alguns exemplos do verbo ser:

¿Cuál es su nacionalidad?
cuál ês su náciônálidá?
Qual é sua nacionalidade?

Yo soy español y mi esposa es española también.
djô sôi êspánhôl i mi êspôssá ês êspánhôlá támbiên.
Eu sou espanhol e minha esposa também é espanhola.

Os adjetivos possessivos
O espanhol não usa artigos antes do adjetivo possessivo. Assim, não se diz la mi esposa, mas mi esposa. Os adjetivos possessivos são:

mi = *meu, minha*	mis = *meus, minhas*
tu = *teu, tua*	tus = *teus, tuas*
su = *seu, sua (dele, dela)*	sus = *seus, suas (dele, dela)*
nuestro = *nosso*	nuestros = *nossos*
nuestra = *nossa*	nuestras = *nossas*
vuestro = *vosso*	vuestros = *vossos*
vuestra = *vossa*	vuestras = *vossas*
su = *seu, sua (deles, delas)*	sus = *seus, suas (deles, delas)*

Os adjetivos possessivos variam em número de acordo com aquilo que é possuído. Observe que em gênero só variam a primeira e a segunda pessoas do plural:

mi hijo = *meu filho*
mi hija = *minha filha*
nuestro hijo = *nosso filho*
nuestra hija = *nossa filha*
nuestros hijos = nossos *filhos*
nuestras hijas = nossas *filhas*

Él es mexicano.
êl ês mêhic*á*nô.
Ele é mexicano.

¿Quién es ella?
quié*n* ês êlhá?
Quem é ela?

Ella es su esposa: es inglesa.
êllá ês su ês*p*ôssá: ês inglêssá.
Ela é sua esposa: é inglesa.

Eso es interesante.
êssô ês intêrêssántê.
Isto é interessante.

> **Lembre-se**
> Eso é o demonstrativo neutro equivalente a "isso" em português.

Nosotros somos nortiamericanos.
nôssôtrôs *s*ômôs nôrtêámêric*á*nôs.
Nós somos norte-americanos.

¿Quiénes son ellos?
quiênês sôn êlhôs?
Quem são eles?

> **Quien e quienes**
> "Quem", em espanhol, é quien *quando se refere a uma pessoa* e quienes *quando se refere a mais de uma.*

Ellos son amigos de Carlos.
êlhôs sôn ámigôs dê *cárlôs*.
Eles são amigos de Carlos.

> **Plural**
> *O plural de substantivos e adjetivos é formado, via de regra, acrescentando-se -s ao singular.*
> casa — casas
> grande — grandes
>
> *As palavras terminadas em consoante ou -y fazem plural em -es. Se a consoante final for -z, ela se transforma em c no plural.*
> azul — azules
> cruz — cruces
> rey — reyes
>
> *O adjetivo concorda com o substantivo em gênero e número, como em português.*

El verbo *estar*:
êl *bêrbô* êstár:
O verbo estar:

Estoy aquí de visita.
êstôi áqui dê bi*ss*itá.
Estou aqui de visita.

¿Dónde está el teléfono?
dôndê êstá êl têlêfônô?
Onde está o telefone?

El señor Blanco no está en su oficina.
êl sênhôr bláncô nô êstá ên su ôficiná.
O senhor Blanco não está em seu escritório.

Está enfermo.
êstá ênfêrmô.
Está doente.

Está en casa.
ês*tá* ên *cá*ssá.
Está em casa.

Estamos aqui por una semana.
ês*tá*môs *á*qui pôr *u*ná sê*má*ná.
Estamos aqui por uma semana.

¿Dónde están mis maletas?
dôndê ês*tán* mis *má*lê*tás*?
Onde estão minhas malas?

Os verbos ser *e* estar

Os verbos ser e estar se conjugam da seguinte forma, no presente do indicativo:

	ser	estar
yo	soy	estoy
tú	eres	estás
él, ella, ello	es	está
nosotros, nosotras	somos	estamos
vosotros, vosotras	sois	estáis
ellos, ellas	son	están

Observe que, da mesma forma que em português, os verbos podem ser usados sem os pronomes, pois a sua forma já indica a pessoa.

Atenção:
A partir daqui, usaremos como indicação das pessoas verbais apenas os pronomes yo, tú, él, nosotros, vosotros, ellos. *Fica claro que as formas verbais valem também para o pronome feminino da respectiva pessoa. Lembre--se de que as formas para* usted *e* ustedes *são as da 3ª pessoa do singular e do plural respectivamente. Um pouco mais adiante, quando você já tiver fixado a ordem dos pronomes, chegaremos a dispensá-los na conjugação dos verbos.*

El verbo *hablar*:
êl bêrbô áblár:
O verbo falar:

Yo hablo español.
djô áblô êspánhôl.
Eu falo espanhol.

¿Habla Ud. inglés?
áblá ustê inglês?
O senhor fala inglês?

> **Orações interrogativas**
> Geralmente, nas orações interrogativas, invertemos a ordem entre verbo e sujeito:
>
> Usted habla.
> ¿Habla usted?

Mi esposa no habla bien el español.
mi êspôssá nô áblá biên êl êspánhôl.
Minha esposa não fala bem o espanhol.

Hablamos español con nuestros amigos sudamericanos.
áblámôs êspánhôl côn nuêstrôs ámigôs sudámêricánôs.
Falamos espanhol com nossos amigos sul-americanos.

Ellos no hablan inglés.
êlhôs nô áblán inglês.
Eles não falam inglês.

> **O verbo hablar**
> A conjugação do verbo hablar *no presente do indicativo é:*
>
> yo hablo
> tú hablas
> él habla
> nosotros hablamos
> vosotros habláis
> ellos hablan

Una presentación:
uná prêssêntáción:
Uma apresentação:

— Señora Fuentes... mi amigo Ramón López.
sênhôrá fuêntês... mi ámigô rámôn lôpêss.
Senhora Fuentes... meu amigo Ramón López.

— Encantada, señor.
êncántádá, sênhôr.
Muito prazer, senhor.

— Encantado, señora.
êncántádô, sênhôrá.
Muito prazer, senhora.

> ***Muito prazer***
> Encantado *(fem. encantada)* é uma expressão de polidez que usamos ao sermos apresentados a alguém. Pode-se dizer também mucho gusto.

— Su nombre es español,
su *nôm*brê ês ês*pánhôl*,
Seu nome é espanhol,

pero Ud. es brasileño, ¿verdad?
pêrô ustê ês brássilênhô, bêr*dá*?
mas o senhor é brasileiro, não é?

— Sí, mis padres son de España.
si, mis *pá*drês sôn dê ês*pánhá*.
Sim, meus pais são da Espanha.

— ¡Qué interesante!
quê intêrêssántê!
Que interessante!

¿De qué parte son?
dê quê *pár*tê sôn?
De onde eles são?

— Mi padre es de Barcelona.
mi *pádrê* ês dê *bárcêlôná*.
Meu pai é de Barcelona.

> **Padre *e* madre**
> Padres *em espanhol significa "pais". O singular*, padre,
> *significa "pai"; "mãe" é* madre.

Mi madre es de Sevilla.
mi *mádrê* ês dê *sêbilhá*.
Minha mãe é de Sevilla.

Yo soy de San Pablo.
djô *sôi* dê sán *páblô*.
Eu sou de São Paulo.

Pero allí se habla mucho el español también.
pêrô *álhi* sê *áblá mutchô* êl êspá*nhôl* támbiê*n*.
Mas lá também se fala muito o espanhol.

— Eso es verdad.
êssô ês bê*rdá*.
Isso é verdade.

— Y ¿habla Ud. portugués, señora?
i *áblá* ustê *pôrtuguês*, sê*nhôrá*?
E a senhora fala português?

— Un poco solamente.
un *pôcô* sôlá*mêntê*.
Só um pouco.

El portugués es muy difícil.
êl *pôrtuguês* ês *mui* di*fícil*.
O português é muito difícil.

Pero con Ud., señor, no es necesario.
pêrô côn ustê, sê*nhôr*, nô ês nêcê*ssáriô*.
Mas com o senhor não é necessário.

Usted e señor
Visto que usted *e* señor *em português têm a mesma tradução, eliminamos o* usted *na frase traduzida. Ao longo deste livro, haverá muitos outros casos em que a tradução não será literal. Você encontrará as expressões e construções comuns em português para habituar-se desde o início ao emprego de suas correspondentes no espanhol.*

Habla muy bien el español.
áblá *mui* biên êl êspánhôl.
O senhor fala muito bem o espanhol.

Y con un acento muy bueno.
i côn un ácêntô *mui* buênô.
E com uma pronúncia muito boa.

— Muchas gracias, señora.
mutchás gráciás, sênhôrá.
Muito obrigado, senhora.

Ud. es muy amable.
ustê ês *mui* ámáblê.
A senhora é muito amável.

> **A terminação -ble**
> *A terminação -ble, em espanhol, corresponde sempre a "vel" em português:*
>
>   amable = *"amável"*
>   sensible = *"sensível"*
>   posible = *"possível"* etc.

CONVERSAÇÃO: NO ESCRITÓRIO

El sr. Martín es de Nueva York.
êl sênhôr már*tin* ês dê nuêbá iôrk.
O sr. Martin é de Nova York.

Es norteamericano, pero habla español.
ês nôrtêámêri*cá*nô, *pê*rô *á*blá êspá*nhôl*.
É americano, mas fala espanhol.

Está en la oficina del sr. Gómez.
ês*tá* ên lá ôfi*ci*ná dêl sênhôr gômêss.
Está no escritório do sr. Gomes.

El señor Martín habla
êl sênhôr már*tin á*blá
O senhor Martin está falando

con la secretaria del sr. Gómez.
côn lá sêcrê*tá*riá dêl sênhôr gômêss.
com a secretária do sr. Gomes.

> **De + el = del**
> A preposição de e o artigo el *contraem-se formando* del = "do". Mas, atenção, o feminino la e os plurais los e las não se contraem com de.

SR. MARTÍN:
    Buenos días, señorita.
    buênôs *di*ás, sênhô*ri*tá.
    Bom dia, senhorita.

¿Es ésta la oficina del sr. Gómez?
ês êstá lá ôficiná dêl sênhôr gômêss?
Este é o escritório do sr. Gomes?

LA SECRETARIA:
Sí, señor. Yo soy su secretaria.
si, sênhôr. djô sôi su sêcrêtáriá.
Sim, senhor. Eu sou secretária dele.

SR. MARTÍN:
Soy un amigo del sr. Gómez.
sôi un ámigô dêl sênhôr gômêss.
Sou um amigo do sr. Gomes.

Ésta es mi tarjeta.
êstá ês mi tárhêtá.
Este é meu cartão.

Soy de Nueva York
sôi dê nuêbá iôrk
Sou de Nova York

y estoy aquí de visita.
i êstôi áqui dê bissitá.
e estou aqui em visita.

¿Está él muy ocupado ahora?
êstá êl mui ôcupádô áôrá?
Ele está muito ocupado agora?

LA SECRETARIA:
Un momento, por favor, señor.
un mômêntô, pôr fábôr, sênhôr.
Um momento, por favor, senhor.

(Ella habla por teléfono.)
(êlhá áblá pôr têlêfônô.)
(Ela fala ao telefone.)

Hola, señor Gómez.
ôlá, sênhôr gômêss.
Alô, senhor Gomes.

¿Está Ud. muy ocupado ahora?
êstá ustê mui ôcupádô áôrá?
O senhor está muito ocupado agora?

Está aquí un sr. Martín.
êstá áqui un sênhôr mártin.
Está aqui o sr. Martin.

Muy bien, señor Gómez.
mui biên, sênhôr gômêss.
Certo, senhor Gomes.

Inmediatamente.
inmêdiátámêntê.
Imediatamente.

> *A terminação -mente*
> *Como em português, são comuns em espanhol os advérbios terminados em -mente.*
>
> rapidamente
> frecuentemente
> directamente
> generalmente
>
> *Atenção: não caia no erro de pronunciar -miente! A terminação é -mente.*

Está bien, sr. Martín.
êstá biên, sênhôr mártin.
Está bem, sr. Martin.

El sr. Gómez está en su oficina.
êl sênhôr gômêss êstá ên su ôficiná.
O sr. Gomes está em seu escritório.

Por aquí, por favor.
pôr áqui, pôr fábôr.
Por aqui, por favor.

SR. MARTÍN:
Gracias, señorita.
gráciás, sênhôritá.
Obrigado, senhorita.

Ud. es muy amable.
ustê ês mui ámáblê.
A senhorita é muito amável.

LA SECRETARIA:
A sus órdenes, señor.
á sus ôrdênês, sênhôr.
Às suas ordens, senhor.

TESTE O SEU ESPANHOL

Faça a correspondência entre as frases abaixo. Marque 10 pontos para cada resposta correta. Confira as respostas abaixo.

1. De onde é o senhor?
2. Nós somos brasileiros.
3. Que interessante.
4. Estou aqui em visita.
5. Estamos aqui por uma semana.
6. O senhor fala inglês?
7. Falo apenas um pouco.
8. É verdade.
9. O senhor fala espanhol muito bem.
10. A senhorita é muito amável.

___ ¿Habla Ud. inglés?
___ Estamos aquí por una semana.
___ Eso es verdad.
___ Ud. es muy amable.
___ Nosotros somos brasileños.
___ Habla muy bien el español.
___ Estoy aquí de visita.
___ Hablo un poco solamente.
___ Eso es interesante.
___ ¿De dónde es Ud.?

Respostas: 6, 5, 8, 10, 2, 9, 4, 7, 3, 1.

Resultado: _____ %

passo 3 NÚMEROS — COMO USÁ-LOS

Los números:
lôs numêrôs:
Os números:

1	2	3	4
uno	dos	tres	cuatro
unô	**dôs**	**três**	**cuátrô**

5	6	7	8
cinco	seis	siete	ocho
cincô	**sêis**	**siêtê**	**ôtchô**

9	10
nueve	diez
nuêbê	**diêss**

De diez a quince:
dê diêss á quincê:
De dez a quinze:

11	12	13	14	15
once	doce	trece	catorce	quince
ôncê	**dôcê**	**trêcê**	**cátôrcê**	**quincê**

y entonces:
i êntôncês:
e então:

16	17	18	19	20
dieciséis	diecisiete	dieciocho	diecinueve	veinte
diêcissêis	**diêcissiêtê**	**diêciôtchô**	**diêcinuêbê**	**bêintê**

después de veinte:
dêspuês dê bêintê:
depois de vinte:

21	22	23	24	25
veintiuno	veintidós	veintitrés	venticuatro	veinticinco
bêintiunô	**bêintidôs**	**bêintitrês**	**bêinticuátrô**	**bêinticincô**

etcétera, hasta treinta
êtcêtêrá, ástá trêintá.
etc., até o 30.

y entonces: 31   40
             treinta y uno   cuarenta
             trêintá y unô   **cuárêntá**

50	60	70	80	90
cincuenta	sesenta	setenta	ochenta	noventa
cincuêntá	**sêssêntá**	**sêtêntá**	**ôtchêntá**	**nôbêntá**

De cien a un millón:
dê ciên á un milhôn:
De cem a um milhão:

100	101	200	300	400
cien	ciento uno	doscientos	trescientos	quatrocientos
ciên	**ciêntô unô**	**dôciêntôs**	**trêciêntôs**	**cuátrôciêntôs**

500	600	700	800	900
quinientos	seiscientos	sietecientos	ochocientos	nuevecientos
quiniêntôs	**sêisciêntôs**	**siêtêciêntôs**	**ôtchôciêntôs**	**nuêbêciêntôs**

1.000	100.000	1.000.000
mil	cien mil	un millón
mil	**ciên mil**	**un milhôn**

Os números
Note que, do 16 ao 19, os números são escritos "juntos", ou seja, em vez de diez y seis *escreve-se* diecisséis. *O mesmo*

se dá com os números entre 21 e 29: em vez de veinte y uno *se escreve* veintiuno. *O espanhol só usa* y *entre dezena e unidade (55 é* cincuenta y cinco*). Assim, não se diz* ciento y uno, *mas* ciento uno *(101). Veja outros exemplos: 1808* (mil ochocientos ocho), *1990 (*mil novecientos noventa), *1991 (*mil novecientos noventa y uno*) etc. Observe que se diz* siete *(7), mas* setenta *(70) e* setecientos *(700);* nueve *(9), mas* noventa *(90) e* novecientos *(900).*

Los números son importantes.
lôs *nu*mê*rôs sôn im*pôr*tán*tês.
Os números são importantes.

En las tiendas...
ên lás tiên*dás*...
Nas lojas...

    Un cliente: — ¿Cuánto es?
    un cli*ên*tê: — cu*án*tô ês?
    Um cliente: — Quanto custa?

    La vendedora: — Seis pesos y medio, señor.
    lá bên*dê*dô*rá: — sêis pêssôs i mê*diô, sê*nhôr.
    A vendedora: — Seis pesos e meio, senhor.

En el teléfono:
ên êl tê*lê*fônô:
Ao telefone:

    Primera voz: — Hola. ¿Quién habla?
    pri*mê*rá bôss: — ôlá. quiên *áb*lá?
    Primeira voz: — Alô. Quem fala?

    Segunda voz: — Es este el 78-45-83.
    **sê*gun*dá bôss: — ês êstê êl sê*tén*tá i ôtchô, cuá*rén*tá i *cin*cô, ôtchên*tá
                                i três.**
    Segunda voz: — Aqui é o 78-4583.

Os números de telefone
Em espanhol os números de telefone geralmente são ditos em pares, exceto no caso de haver um zero (por exemplo, 07); então se deverá dizer 0, 7 (cero, siete). O número seis é dito sempre seis, nunca "meia", como em português.

Primera voz: — No, señor. Aquí es el 7, 8, 4, 3, 8, 5.
primêrá bôss: — nô, sênhôr. áqui ês êl siêtê, ôtchô, cuátrô, três, ôtchô, cincô.
Primeira voz: — Não, senhor. Aqui é o 78-4385.

Segunda voz: — Oh. ¡Perdón!
sêgundá bôss: — ô, pêrdôn!
Segunda voz: — Oh, perdão!

Para las direcciones:
párá lás dirêcciônês:
Para os endereços:

Un caballero: — ¿Cuál es su dirección, por favor?
un cábálhêrô: — cuál ês su dirêcciôn, pôr fábôr?
Um cavalheiro: — Qual é seu endereço, por favor?

Una dama: — Es el número 144
uná dámá: — ês êl numêrô ciêntô cuárêntá i cuátrô
Uma senhora: — É o número 144

de la Plaza Mayor,
dê lá plássá máiôr,
da Plaza Mayor,

el segundo piso.
êl sêgundô pissô.
o segundo andar.

Os números ordinais
Os números ordinais entre um e dez são:

primero   sexto
segundo   séptimo
tercero   octavo
cuarto   noveno
quinto   décimo

Para saber que hora es:
párá sábêr quê ôrá ês:
Para saber as horas:

¿Qué hora es?
quê ôrá ês?
Que horas são?

Son las siete.
sôn lás siêtê.
São sete horas.

> *As horas*
> Em espanhol perguntam-se as horas no singular. Na resposta pode-se omitir a palavra hora (ou horas) e coloca-se o artigo la (ou las) antes do número.
> ¿Qué hora es?
> Es la una.
> Son las dos.

Son las siete y cinco... las siete y diez.
sôn lás siêtê i *cincô*... lás siêtê i diêss.
Sete e cinco... sete e dez.

Siete y cuarto.
siêtê i cuártô.
Sete e quinze.

Son las siete y veinte... las siete y veinticinco.
sôn lás siêtê i bêintê... lás siêtê i bêinti*cincô*.
São sete e vinte... sete e vinte e cinco.

Son las siete y media.
sôn lás siêtê i *mêdiá*.
São sete e meia.

Son las ocho menos veinticinco... las ocho menos veinte.
sôn lás ôtchô mênôs bêinticincô... lás ôchô mênôs bêintê.
São vinte e cinco para as oito... vinte para as oito.

> ***Os minutos que faltam***
> *Em espanhol, para dizermos os minutos que faltam para uma determinada hora, usamos a palavra* menos: *dizemos a hora "menos" os minutos que faltam para ela:* ocho menos cuarto = *quinze para as oito.*

Son las ocho menos cuarto.
sôn lás ôtchô mênôs cuártô.
São quinze para as oito.

Las nueve en punto.
lás nuêbê ên puntô.
São nove em ponto.

Para marcar citas...
párá márcár citás...
Para marcar encontros...

— ¿Está bien para mañana — a las seis?
êstá biên párá mánháná — á lás sêis?
Está bem para amanhã — às seis?

> **Mañana**
> Mañana *em espanhol significa tanto "manhã" como "amanhã".*
> mañana = *amanhã*
> la mañana = *a manhã*
> mañana por la mañana = *amanhã de manhã*

— ¿Cómo? ¿A qué hora?
cômô? á quê ôrá?
Como? A que horas?

— A las seis de la tarde.
á lás sêis dê lá tárdê.
Às seis da tarde.

— Sí, cómo no — pero ¿dónde?
si, cômô nô — pêrô dôndê?
Sim, como não — mas onde?

— En la Plaza de la Revolución
ên lá plássá dê lá rêbôluciôn
Na Plaza de la Revolución

> **A terminação -ción**
> *Muitos substantivos femininos terminados em -ción, no espanhol, têm como tradução substantivos terminados em "-ção" no português:*
>
> | | | |
> |---|---|---|
> | nación | acción | |
> | admiración | exploración | construcción |
> | selección | revolución | destrucción |

Directamente en frente del monumento.
dirêctámêntê ên frêntê dêl mônumêntô.
Bem em frente do monumento.

— Muy bien. Pero si no estoy allí
mui biên, pêrô si nô êstôi álhi
Está bem. Mas, se não estiver lá

a las seis en punto,
á lás sêis ên puntô,
às seis em ponto,

sírvase esperar unos minutos, ¿no?
sirbássê êspêrár unôs minutôs, nô?
faça o favor de esperar alguns minutos, está bem?

> **Sírvase esperar**
> *Sírvase é uma ordem atenuada e significa "faça o favor", "por favor".*
> Sírvase cerrar la puerta = *Feche a porta, por favor.*

CONVERSAÇÃO: NA UNIVERSIDADE

Un joven habla con una jovem:
un *hô*bên *á*blá côn *u*ná *hô*bên:
Um jovem fala com uma jovem:

EL JOVEN:
Buenos días, señorita.
buênôs *di*ás, sênhôritá.
Bom dia, senhorita.

Ud. es una nueva estudiante aquí, ¿no es verdad?
ustê ês *u*ná nuêbá êstudi*án*tê á*qui*, nô ês bêr*dá*?
A senhorita é uma nova estudante aqui, não é verdade?

LA JOVEN:
Sí, es mi primer año aquí.
si, ês mi pri*mêr* ánhô á*qui*.
Sim, este é o meu primeiro ano aqui.

EL JOVEN:
Bueno. Yo soy el secretario
buênô. djô *sô*i êl sêcrê*tá*riô
Bem. Sou o secretário

de la universidad.
dê lá unibêrsi*dá*.
da universidade.

Jaime Castillo Jiménez, a sus órdenes.
***há*imê *cás*tilhô himênêss, á sus *ôr*dênês.**
Jaime Castillo Jiménez, às suas ordens.

LA JOVEN:
Encantada, señor,
êncán*tá***dá, sên***hôr***.**
Encantada, senhor.

EL JOVEN:
El gusto es mío, señorita.
êl *gustô* **ês** *miô***, sênhôr***itá***.**
O prazer é meu, senhorita.

¿Cuál es su nombre y apellido?
cuál ês su *nômbrê* **i á***pêl***hidô?**
Qual é o seu nome e sobrenome?

> ***Os pronomes possessivos***
> *No espanhol, as formas dos pronomes possessivos não são as mesmas dos adjetivos possessivos (que já vimos no Passo 2). Eles variam em todas as pessoas, conforme o gênero e o número do que é possuído — aliás, como em português:*
>
> | masculino | | feminino | |
> |---|---|---|---|
> | singular | plural | singular | plural |
> | el mío | los míos | la mía | las mías |
> | el tuyo | los tuyos | la tuya | las tuyas |
> | el suyo | los suyos | la suya | las suyas |
> | el nuestro | los nuestros | la nuestra | las nuestras |
> | el vuestro | los vuestros | la vuestra | las vuestras |
> | el suyo | los suyos | la suya | las suyas |

LA JOVEN:
María Gálvez Fuentes.
m*á***riá** *gál***bêss fu***ên***tês.**
María Gálvez Fuentes.

> ***Os sobrenomes***
> *Na Espanha, o sobrenome do pai vem antes e o da mãe depois. Assim, neste caso, Gálvez é o sobrenome do pai e Fuentes o da mãe.*

Atenção:
apellido = *sobrenome*
apodo = *apelido*

EL JOVEN:
Gracias. Y ¿cuál es su número de teléfono?
gráciás, i cuál ês su numêrô dê têlêfônô?
Obrigado. E qual é o número de seu telefone?

LA JOVEN:
Mi teléfono es 31-94-69.
mi têlêfônô ês tr̄eintá i unô, nôbêntá i cuátrô, sêssêntá i nuêbê.
Meu telefone é 31-9469.

EL JOVEN:
Muy bien. ¿Y su dirección?
mui biên, i su dirêcciôn?
Muito bem. E qual é seu endereço?

LA JOVEN:
Mi dirección es Calle de la Independencia, 73,
mi dirêcciôn ês cálhê dê lá indêpêndênciá, sêtêntá i três,
Meu endereço é Rua da Independência, 73,

tercer piso.
têrcêr pissô.
terceiro andar.

EL JOVEN:
Excelente. Eso es todo.
êcsêlêntê. êssô ês tôdô.
Excelente. É só isso.

Gracias y ¡hasta pronto!
gráciás i ástá prôntô!
Obrigado e até logo!

UN AMIGO DE LA JOVEN:
un *ámi*gô dê lá *hô*bên:
UM AMIGO DA JOVEM:
   Y, ¿ese tipo?
   i, êssê *tipô*?
   Quem é esse sujeito?

LA JOVEN:
   No es un tipo...
   nô ês un *tipô*...
   Não é um sujeito...

   él es el secretario
   êl ês êl sêcrê*tá*riô
   Ele é o secretário

   de la universidad.
   dê lá unibêrsi*dá*.
   da universidade.

EL AMIGO:
   ¡Qué broma!
   quê *brô*ma!
   Que piada!

   Eso no es verdad.
   êssô nô ês bêr*dá*.
   Isso não é verdade.

   Él es un estudiante como nosotros.
   êl ês un êstudi*án*tê *cô*mô *nôs*sôtrôs.
   Ele é um estudante como nós.

   Cuidado, ¿eh?
   cui*dá*dô, ê?
   Cuidado, hein?

TESTE O SEU ESPANHOL

Passe as orações abaixo para o português. Marque 10 pontos para cada resposta certa. Veja as respostas abaixo.

1. ¿Cuánto es? _____
2. Seis pesos y medio, señor. _____
3. ¿Quién habla? _____
4. ¿Cuál es su dirección? _____
5. ¿Qué hora es? _____
6. Son las ocho menos cuarto. _____
7. A las seis de la tarde. _____
8. ¿Cuál es su nombre y apellido? _____
9. ¿Cuál es su número de teléfono? _____
10. Eso no es verdad. _____

Respostas: 1. Quanto é? 2. Seis pesos e meio, senhor. 3. Quem fala? 4. Qual é o seu endereço? 5. Que horas são? 6. São quinze para as oito. 7. As seis da tarde. 8. Qual seu nome e sobrenome? 9. Qual o número de seu telefone? 10. Isso não é verdade.

Resultado: _____ %

passo 4 LOCALIZAÇÃO DE OBJETOS E LUGARES

"Hay" es una palabra corta y muy útil.
"ái" ês uná pálábrá côrtá i mui util.
"Hay" é uma palavra curta e muito útil.

Aquí hay unos ejemplos:
áqui ái unôs êhêmplôs:
Aqui estão alguns exemplos:

¿Hay alguien en esta oficina?
ái álguiên ên êstá ôficiná?
Há alguém neste escritório?

> ***Atenção!***
> espanhol   português
> taller   = *oficina*
> oficina = *escritório*
> escritorio = *escrivaninha*

Sí, hay alguien.
si, ái álguiên.
Sim, há alguém.

¿Cuántas personas hay?
Cuántás pêrsônás ái?
Quantas pessoas há?

Hay tres personas.
ái três pêrsônás.
Há três pessoas.

¿Cuántos escritorios hay en la pieza?
cuántôs êscritôriôs *ái* ên lá piêssá?
Quantas escrivaninhas há na sala?

Hay dos escritorios.
***ái* dôs êscritôriôs.**
Há duas escrivaninhas.

> ***O verbo* haber *impessoal***
> *Como em português, o verbo* haver *com sentido de "existir" é impessoal. Isso significa que só é empregado na forma da 3ª pessoa do singular.*
> Hay una persona. = *Há uma pessoa.*
> Hay cien personas. = *Há cem pessoas.*

¿Cuántas sillas hay?
cuántás s*i*lhás *ái*?
Quantas cadeiras há?

Hay tres sillas.
***ái* três s*i*lhás.**
Há três cadeiras.

¿Qué hay en la parede?
quê *ái* ên lá párêdê?
O que há na parede?

En la parede hay cuadros y un reloj.
ên lá párêdê *ái* cuádrôs i un rêlôh.
Na parede há quadros e um relógio.

Ahora son las cinco y media.
aôrá sôn lás *cincô* i mêdiá.
Agora são cinco e meia.

¿Hay alguien en la oficina?
***ái* álguiên ên lá ôficiná?**
Há alguém no escritório?

No, no hay nadie allí.
nô, nô ái nádiê álhi.
Não, não há ninguém ali.

Aquí, ali, lá
Aquí e acá *significam "aqui"*. Allí e allá *significam "lá" ou "ali"*. Ahí *significa "aí"*.

¿Hay algo sobre la mesa grande?
ái álgô sôbrê lá mêssá grándê?
Há algo sobre a mesa grande?

Sí, hay algo.
si, ái álgô.
Sim, há algo.

¿Qué hay?
quê ái?
O quê?

Hay varias cosas —
ái báriás côssás —
Há várias coisas —

una lámpara, libros, flores y un cenicero.
uná lámpárá, librôs, flôrês i un cênicêrô.
uma lâmpada, livros, flores e um cinzeiro.

¿Hay algo sobre la mesa pequeña?
ái álgô sôbrê lá mêssá pêquênhá?
Há algo sobre a mesa pequena?

No, no hay nada.
nô, nô ái nádá.
Não, não há nada.

"Hay" es útil para hacer preguntas,
"ái" ês util párá ácêr prêguntás,
"Hay" é útil para fazer perguntas,

como, por ejemplo:
cômô, pôr êhêmplô:
como, por exemplo:

    Perdón, señor. ¿Sabe Ud...
    pêrdôn, sênhôr. sábê ustê...
    Desculpe, senhor. O senhor sabe...

    dónde hay un buen restaurante?
    dôndê ái un bue*n* rêstáuránte?
    onde há um bom restaurante?

    dónde hay un banco?
    dôndê ái un báncô?
    onde há um banco?

    dónde hay una farmacia?
    dôndê ái uná fármáciá?
    onde há uma farmácia?

    dónde hay un teléfono público?
    dôndê ái un têlêfônô publicô?
    onde há um telefone público?

    dónde hay un buzón de correos?
    dôndê ái un bussôn dê côrrêôs?
    onde há uma caixa de correios?

Aquí hay otras expresiones útiles:
áqui ái ôtrás êcsprêssiônês utilês:
Aqui estão outras expressões úteis:

En la casa:
ên lá cássá:
Na casa:

    Niño: ¿Hay algo para comer?
    ninhô: ái álgô párá cômêr?
    Menino: Há alguma coisa para comer?

Madre: Sí, hay pan, mantequilla y jamón en la nevera.
má*dr*ê: si, *ái* pán, mánt*ê*qu*i*lhá i há*mô*n ên lá nêbêrá.
Mãe: Sim, há pão, manteiga e presunto na geladeira.

En la oficina:
ên lá ôf*i*ciná:
No escritório:

El jefe: ¿Hay algo importante en el correo?
êl *hê*fê: *ái* álgô impôrtántê ên êl côrrêô?
O chefe: Há algo importante no correio?

La secretaria: No, no hay nada importante.
lá sêcrêtáriá: nô, nô *ái* nádá impôrtántê.
A secretária: Não, não há nada importante.

Entre amigos:
êntrê ámigôs:
Entre amigos:

Raúl: Hola, ¿qué hay de nuevo?
rá*ul*: ôlá, quê *ái* dê nu*ê*bô?
Raul: Olá, o que há de novo?

Fidel: Nada de particular.
fidêl: nádá dê párticulár.
Fidel: Nada em particular.

Una frase de cortesía:
uná frássê dê côrtèssiá:
Uma frase de cortesia:

Muchísimas gracias por el regalo.
mut*ch*issimás *gr*áciás pôr êl rêgálô.
Muito obrigado pelo presente.

> ### Importantíssimo!
> *As terminações -ísimo e -ísima formam o grau superlativo absoluto dos adjetivos, respectivamente no masculino e no feminino.*

una muchacha linda
una muchacha lindísima

No hay de qué.
nô *ái* dê quê.
Não há de quê.

No hay de qué
Note uma das maneiras de responder a um agradecimento.

CONVERSAÇÃO: RECEBENDO CORRESPONDÊNCIA E RECADOS

UN HUÉSPED:
un uêspêd:
UM HÓSPEDE:

Mi llave, por favor.
mi lhábê, pôr fábôr.
Minha chave, por favor.

Perdone, tengo prisa.
pêrdônê, têngô prissá.
Perdão, estou com pressa.

> *"Estar" por "ter"*
> *Em espanhol frequentemente usa-se o verbo* tener *("ter") em expressões para as quais, em português, usamos "estar".*
> Tengo prisa. = *Estou com pressa.*
> Tenemos calor. = *Estamos com calor.*
> ¿Tienes frio? = *Está com frio?*
> ¿Tiene hambre? = *Está com fome?*
> Tengo sed. = *Estou com sede.*

¿Hay cartas para mí?
ái cártás pará mi?
Há cartas para mim?

EL EMPLEADO:
êl êmplêádô:
O EMPREGADO:

Cómo no, señor. Hay dos cartas,
cômô nô, sênhôr. ái dôs cártás,
Sim, senhor. Há duas cartas,

una tarjeta postal
uná tárhêtá pôstál
um cartão-postal

y un paquete bastante grande.
i un páquêtê bástántê grándê.
e um pacote muito grande.

Una de las cartas es de Venezuela.
uná dê lás cártás ês dê bênêssuêlá.
Uma das cartas é da Venezuela.

Las estampillas son muy bonitas, ¿no?
lás êstámpilhás sôn mui bônitás, nô?
Os selos são muito bonitos, não é?

EL HUÉSPED:
Bástante. Eso es todo?
bástántê, êssô ês tôdô?
Bastante. É só isso?

EL EMPLEADO:
No, señor. Hay más.
nô, sênhôr. ái más.
Não, senhor. Há mais.

Una carta certificada. Tenga.
uná cártá cêrtificádá, têngá.
Uma carta registrada. Aqui está.

> **Tenga**
> Tenga *significa literalmente "tenha". Mas, nesta expressão, quer dizer "tome", "segure", "pegue". Em português corresponde a "aqui está".*

EL HUÉSPED:
Gracias.
gráciás.
Obrigado.

EL EMPLEADO:
Hoy hay bastante correo para Ud.,
ôi ái bástántê côrrêô párá ustê,
Hoje há muita correspondência para o senhor,

¿no es verdad?
nô ês bêrdá?
não é verdade?

EL HUÉSPED:
Es cierto.
ês ciêrtô.
Realmente.

EL EMPLEADO:
Oh, un momento, por favor.
ô, un mômêntô, pôr fábôr.
Oh, um momento, por favor.

Hay dos recados de teléfono.
ái dôs rêcádôs dê têlêfônô.
Há dois recados de telefone.

Todo está escrito en este papel.
tôdô êstá êscritô ên êstê pápêl.
Está tudo escrito neste papel.

EL HUÉSPED:
Gracias. ¿Hay algo más?
gráciás, ái álgô más?
Obrigado, mais alguma coisa?

EL EMPLEADO:
No señor. No hay nada más.
nô sên*hôr*. nô *ái* *ná*dá más.
Não, senhor. Não há nada mais.

EL HUÉSPED:
Bueno. Y ahora, por favor,
bu*ê*nô. i *á*ôrá, pôr fá*bôr*,
Bem. E agora, por favor,

diez estampillas de cincuenta centavos cada una,
di*ê*ss êst*á*m*pi*lhás dê cincu*ê*ntá cên*tá*bôs *cádá uná*,
dez selos de cinquenta centavos cada um,

y unos sobres para correo aéreo.
i *unôs sôbrês pará* côrrêô *áêrêô*.
e alguns envelopes para correio aéreo.

> **Uno *e* un**
> Uno *é o artigo indefinido masculino. Quando usado antes de um substantivo, ele se transforma em* un. *Esse corte do -o final ocorre também com outras palavras.*
>
> alguno — algún día
> bueno — buen libro
> primero — primer piso
> tercero — tercer candidato
>
> *Observe:*
> un buen vino
> un vino bueno

TESTE O SEU ESPANHOL

Passe estas sentenças para o português. Marque 10 pontos para cada frase correta. Veja as respostas abaixo.

1. ¿Cuántas personas hay? _____
2. Hay tres personas. _____
3. ¿Dónde hay un buen restaurante? _____
4. ¿Dónde hay una farmacia? _____
5. Hola, ¿qué hay de nuevo? _____
6. Nada de particular. _____
7. ¿Hay cartas para mí? _____
8. Tengo prisa. _____
9. ¿Tiene Ud. frío? _____
10. No hay nada más. _____

Respostas: 1. Quantas pessoas há? 2. Há três pessoas. 3. Onde há um bom restaurante? 4. Onde há uma farmácia? 5. Olá, o que há de novo? 6. Nada de particular. 7. Há cartas para mim? 8. Estou com pressa. 9. O senhor está com frio? 10. Não há mais nada.

Resultado: _____ %

passo 5 — USO DO PRESENTE DO INDICATIVO — VERBOS DAS TRÊS CONJUGAÇÕES

Hay tres grupos de verbos.
ái três grupôs dê bêrbôs.
Há três grupos (ou conjugações) de verbos.

Verbos como *hablar, tomar,*
bêrbôs cômô áblár, tômár,
Verbos como falar, tomar,

estudiar, comenzar, terminar, durar
êstudiár, cômênzár, têrminár, durár
estudar, começar, terminar, durar

son del primer grupo.
sôn dêl primêr grupô.
pertencem à 1ª conjugação.

> *O espanhol através do espanhol*
> *Você deve ter percebido que no início de cada passo nós usamos frequentemente o espanhol para explicar verbos e outras questões. Depois essa explicação é dada em mais detalhes nas notas em português. Vê-las primeiro em espanhol é um modo mais natural e direto de entrar em contato com esta língua. E, quando você for rever este capítulo sem acompanhá-lo em português, estará aprendendo a língua espanhola através dela mesma.*

Aquí hay algunas frases útiles con *hablar*:
áqui ái álgunás frássès utilês côn háblár:
Temos aqui algumas frases úteis com falar:

¿Con quién hablo?
côn quiê*n* *á*blô?
Com quem estou falando?

> **Diferenças nos usos verbais**
> O presente em espanhol pode ser usado em lugar do gerúndio. Hablo *pode significar "falo" ou "estou falando".*
> Assim:
>
> ¿Con quién hablo?
> *Com quem estou falando?*
>
> Yo hablo español.
> *Eu falo espanhol.*
>
> As expressões ¿Quién habla? e ¿De parte de quién? são usadas frequentemente nas introduções das conversas telefônicas.

¿Habla Ud. portugués?
***á*blá ustê pôrtuguês?**
A senhora fala português?

¿Quién habla?
quiê*n* *á*blá?
Quem fala?

Habla el sr. Serrano.
***á*blá êl sênhôr sêrránô.**
Fala o sr. Serrano.

¿De qué hablan?
dê quê *á*blán?
Do que estão falando?

Otros verbos del primer grupo:
ôtrôs bêrbôs dêl primêr grupô:
Outros verbos da primeira conjugação:

— ¿Qué estudia Miguel?
quê êstudiá miguêl?
O que Miguel estuda?

— Él estudia música,
êl êstudiá mussicá.
Ele estuda música.

— Y Ud., ¿qué estudia?
i ustê, quê êstudiá?
E o senhor, o que estuda?

— Estudio arte.
êstudiô ártê.
Estudo artes.

— Mi amiga Elena y yo
mi ámigá êlêná i djô
Minha amiga Helena e eu

tomamos una lección
tômámôs uná lêcciôn
temos aula

cada lunes.
cádá lunês.
toda segunda-feira.

— La lección comienza a las nueve
lá lêcciôn cômiênsá á lás nuêbê
A aula começa às nove horas

y termina a las doce.
i têrminá á lás dôcê.
e termina ao meio-dia.

Presente do indicativo dos verbos da 1ª conjugação
Todos os verbos que terminam em -ar no infinitivo pertencem à 1ª conjugação. Veja como são conjugados no presente do indicativo:

	tomar	estudiar
yo	tomo	estudio
tú	tomas	estudias
él	toma	estudia
nosotros	tomamos	estudiamos
vosotros	tomáis	estudiáis
ellos	toman	estudian

O verbo comenzar, *como tantos outros em espanhol, é irregular e, portanto, sofre uma modificação em seu radical quando o conjugamos: a letra* e *se transforma em* ie *em todas as pessoas, exceto em* nosotros *e* vosotros.
Veja:

comenzar	pensar
comienzo	pienso
comienzas	piensas
comienza	piensa
comenzamos	pensamos
comenzáis	pensáis
comienzan	piensan

Note que as terminações não variam.

— Dura mucho tiempo, ¿no?
durá mutchô tiêmpô, nô?
Dura bastante tempo, não é?

Y María, ¿toma ella también
i máriá, tômá êlhá támbiên
E Maria, ela também toma

lecciones de arte?
lêcciônês dê ártê?
aulas de arte?

— No, ella y su hermana
nô, êlhá i su êrmáná
Não, ela e sua irmã

toman clases de baile.
tômán clássês dê báilê.
tomam aulas de dança.

— Y José, ¿que curso toma?
i hôssê, quê cursô tômá?
E José, que curso ele faz?

— No toma ningún curso.
nô tômá ningun cursô.
Não faz nenhum curso.

> **Ninguno**
> *Lembre-se de que* ninguno, *antes do substantivo masculino, perde o* -o (ningún curso). *Como em português, o sentido desta última frase se conservaria se disséssemos:* No toma curso alguno.

Es un perezoso.
ês un pêrêssôssô.
É um preguiçoso.

Verbos como *comprender*,
bêrbôs cômô cômprêndêr,
Verbos como compreender,

aprender y *leer*
áprêndêr i lêêr
aprender e ler

son del segundo grupo.
sôn dêl sêgundô grupô.
são da segunda conjugação.

Aquí hay unas frases útiles con *comprender*:
áqui ái unás frássês utilês côn cômprêndêr:
Aqui estão algumas frases úteis com compreender:

    Yo no comprendo.
    djô nô cômprêndô.
    Não estou entendendo.

    ¿Comprende Ud.?
    cômprêndê ustê?
    O senhor entende?

    Nosotros comprendemos español.
    nôssôtrôs cômprêndêmôs êspánhôl.
    Nós entendemos espanhol.

    Ellos no comprenden mucho.
    êlhôs nô cômprêndên mutchô.
    Eles não entendem muito.

Otros verbos del segundo grupo:
ôtrôs bêrbôs dêl sêgundô grupô:
Outros verbos da segunda conjugação:

— ¿Qué lee Ud.?
    quê lêê ustê?
    O que o senhor está lendo?

— Leo un periódico en español.
    lêô un pêriôdicô ên êspánhôl.
    Estou lendo um jornal em espanhol.

— ¿Qué periódico lee?
    quê pêriôdicô lêê?
    Qual jornal está lendo?

— Leo *El Mundo*.
    lêô êl mundô.
    Estou lendo El Mundo.

Aprendo muchas palabras nuevas.
á*prê*ndô *m*utchás pál*á*brás nu*ê*bás.
Estou aprendendo muitas palavras novas.

— ¿Comprende todo?
cô*m*prê*n*dê tôdô?
Está entendendo tudo?

— No, no comprendo todo.
nô, nô cô*m*prê*n*dô *t*ôdô.
Não, não estou entendendo tudo.

— ¿Y sus amigos, Fidel y Raúl?
i sus ámigôs, fid*ê*l i rá*u*l?
E seus amigos, Fidel e Raul?

¿Qué leen ellos en español?
quê *l*êên êlhôs ên êspá*n*hô*l*?
O que eles leem em espanhol?

— ¡Oh! Ellos están muy avanzados.
ô, êlhôs ê*s*tán *m*ui ábá*n*sádôs.
Oh! Eles estão muito adiantados.

Leen revistas y libros.
lêên rê*b*istás i *l*ibrôs.
Leem revistas e livros.

Aprenden muy rapidamente
á*p*rê*n*dên *m*ui rápidá*m*êntê
Estão aprendendo muito depressa

y comprenden casi todo.
i cô*m*prê*n*dên *c*ássi tôdô.
e entendem quase tudo.

58

Presente do indicativo dos verbos da 2ª conjugação
Os verbos terminados em -er no infinitivo pertencem à 2ª conjugação. Veja como são conjugados no presente do indicativo:

comprender	aprender	leer
comprendo	aprendo	leo
comprendes	aprendes	lees
comprende	aprende	lee
comprendemos	aprendemos	leemos
comprendéis	aprendéis	leéis
comprenden	aprenden	leen

Verbos como *vivir, escribir,*
bêrbôs cômô bi*bir*, ês*cribir*,
Verbos como viver *(ou* morar*),* escrever,

recibir y partir
rê*cibir* i pár*tir*
receber *e* partir

son del tercer grupo.
sôn dêl têr*cêr* grupô.
pertencem à terceira conjugação.

Unos ejemplos con *vivir*:
unôs êhêmplôs côn bi*bir*:
Alguns exemplos com viver *(ou* morar*):*

¿Dónde vive Ud.?
dôndê bibê ustê?
Onde o senhor mora?

Yo vivo en la calle Mayor.
djô *bi*bô ên lá *cál*hê máiôr.
Eu moro na rua Mayor.

¿Vive la sra. Martínez aquí?
bibê lá sênhôrá mártinêss áquí?
A sra. Martínez mora aqui?

Nosotros vivimos en México.
nôssôtrôs bi*bi*môs ên *mê*hicô.
Nós moramos no México.

        A pronúncia da palavra **México**
        México, *apesar de escrito com* x, *pronuncia-se* mêhicô.

Ellos viven cerca de mi casa.
êlhôs *bi*bên cêrcá dê mi *cá*ssá.
Eles moram perto da minha casa.

Y otros verbos de este grupo...
i ôtrôs bêrbôs dê êstê *gru*pô...
E outros verbos deste grupo...

¿A qué horas reciben Uds. su correo?
á quê ôrás rê*ci*bên ustêdês su côrrêô?
A que horas os senhores recebem sua correspondência?

Recibimos el correo a las nueve y media.
rê*ci*bimôs êl côrrêô á lás nuêbê i *mê*diá.
Recebemos a correspondência às nove e meia.

Generalmente recibo muchas cartas.
hênêrálmêntê rê*ci*bô *mu*tchás *cár*tás.
Geralmente recebo muitas cartas.

¿Y escribe muchas también?
i ês*cri*bê *mu*tchás támbiên?
E escreve muitas também?

Sí, escribo muchas.
si, ês*cri*bô *mu*tchás.
Sim, escrevo muitas.

Escribo frecuentemente a mis padres.
ês*cri*bô frêcuêntêmêntê á mis *pá*drês.
Escrevo frequentemente a meus pais.

Viven en España.
bibên ên êspánhá.
Eles moram na Espanha.

Presente do indicativo dos verbos da 3ª conjugação

Os verbos terminados em -ir no infinitivo pertencem à 3ª conjugação. Veja como são conjugados no presente do indicativo:

vivir	escribir
vivo	escribo
vives	escribes
vive	escribe
vivimos	escribimos
vivís	escribís
viven	escriben

El verbo *ir* es irregular:
êl bêrbô ir ês irrêgulár:
O verbo ir é irregular:

Yo voy a un restaurante.
djô bôi á un rêstáurántê.
Vou a um restaurante.

¿Adónde va ella?
ádôndê bá êlhá?
Aonde ela vai?

Nosotros vamos con ellos.
nôssôtrôs bámôs côn êlhôs.
Nós vamos com eles.

Ellos van primero a la tienda
êlhôs bán primêrô á lá tiêndá
Eles vão primeiro à loja

y después van al teatro.
i dêspuês bán ál têátrô.
e depois vão ao teatro.

Verbos irregulares
Aqui estão as conjugações de alguns verbos irregulares importantes no presente do indicativo:

ir	saber	ser	estar
voy	sé	soy	estoy
vas	sabes	eres	estás
va	sabe	es	está
vamos	sabemos	somos	estamos
vais	sabéis	sois	estáis
van	saben	son	están

Los verbos *poner, hacer, tener,*
lôs *bêrbôs pônêr, ácêr, tênêr,*
Os verbos pôr, fazer, ter,

del segundo grupo,
dêl *sêgundô grupô,*
da segunda conjugação,

y venir, *salir* y *decir,* del tercer grupo,
i bê*nir,* sá*lir* i dê*cir,* dêl têrcêr grupô,
e vir, sair *e* dizer, *da terceira conjugação,*

son irregulares.
sôn irrêgul*árês*.
são irregulares.

La forma de *yo* termina en -go:
lá *fôrmá* dê djô têr*miná* ên gô:
A forma de eu *termina em* -go:

Yo vengo de Rio de Janeiro.
djô *bêngô* dê *riô* dê *hánêirô*.
Eu venho do Rio de Janeiro.

Tengo un pasaporte brasileño.
***têngô* un *pássápôrtê* brássil*ênhô*.**
Tenho um passaporte brasileiro.

Hago un viaje a España.
á**gô* un biá**hê* **á** ê***spá****nhá.*
Estou fazendo uma viagem à Espanha.

Salgo en el vuelo ciento cincuenta para Madrid.
sá**lgô* ên êl buê**lô* ci***ê**ntô* cincu***ê**ntá* ***pá**rá* **má***dri.
Saio no voo cento e cinquenta para Madri.

Perdón. ¿Dónde pongo mi maleta?
pêrdôn, dôndê pôngô mi málêtá?
Desculpe. Onde ponho minha valise?

Tener y venir tienen otras formas irregulares:
tênêr i bênir tiênên ôtrás fôrmás irrêgulárês:
Ter e vir têm outras formas irregulares:

Aquí hay unas frases útiles:
á**qui* **ái** uná**s* fr***á**ssês* ut***i**lês:*
Aqui estão algumas frases úteis:

¿Tiene cerveza Bohemia?
tiênê cêrbêssá bôêmiá?
Tem cerveja Bohemia?

No, señor, no tenemos.
nô, sênhôr, nô tênêmôs.
Não, senhor, não temos.

En la otra cantina tienen,
ên lá ôtrá cán*t*iná tiênên.
Na outra cantina têm.

¿A qué hora viene Ud.?
á quê ôrá biênê ustê?
A que horas o senhor vem?

Mi mujer y yo venimos a las cinco.
mi mu*h*êr i djô bênimôs á lás cincô.
Minha mulher e eu viremos às cinco.

Los otros vienen más tarde.
lôs ôtrôs biênên más *tárdê*.
Os outros vêm mais tarde.

¿Qué dice ella?
quê *dicê* êlhá?
O que ela está dizendo?

Ella dice que no va.
êlhá *dicê* quê nô bá.
Ela está dizendo que não vai.

> ### Os verbos venir, tener e decir
> *Aqui está a conjugação dos verbos* venir, tener *e* decir *no presente do indicativo:*
>
> | venir | tener | decir |
> |-------|-------|-------|
> | vengo | tengo | digo |
> | vienes | tienes | dices |
> | viene | tiene | dice |
> | venimos | tenemos | decimos |
> | venís | tenéis | decís |
> | vienen | tienen | dicen |
>
> *Muita atenção ao verbo* decir *no presente:* Él dice *significa "ele diz" e não "ele disse".*

CONVERSAÇÃO: UM CONVITE PARA O CINEMA

— ¡Hola muchachas! ¿Adónde vais vosotras?
ólá mu*tchá*tchás!, ádôndê *b*áis bôssôtrás?
Olá, garotas! Onde vão vocês?

> **Vosotros, vosotras**
> *Os pronomes* vosotros *e* vosotras *correspondem, respectivamente, ao masculino e ao feminino plural do tratamento informal* tú. *Mas é bom observar que na América Latina usa-se muito a forma* usted *(plural* ustedes*) também para o tratamento informal. Então, só o contexto nos dirá qual o grau de formalidade entre as pessoas.*

— Nosotras vamos al cine.
nôssôtrás *b*ámôs ál *c*inê.
Nós vamos ao cinema.

— ¿A qué cine vais?
á quê *c*inê *b*áis?
A que cinema vocês vão?

— Vamos al Capitolio.
***b*ámôs ál *c*ápitôliô.**
Vamos ao Capitólio.

— ¿Qué película dan hoy?
quê pêlículá dán ôi?
Qual filme estão passando hoje?

> ***O verbo* dar**
> *O verbo* dar *pertence à 1ª conjugação, porém sua 1ª pessoa é irregular:*
>
> doy, das, da, damos, dais, dan

— Una película nueva.
uná pêliculá nuêbá.
Um filme novo.

Dicen que es muy divertida.
dicên quê ês mui dibêrtidá.
Dizem que é muito divertido.

¿No vienes con nosotras?
nô biênês côn nôssôtrás?
Você não vem conosco?

¿Qué dices?
quê dicês?
Que tal?

— No sé si tengo tiempo.
nô sê si têngô tiêmpô.
Não sei se tenho tempo.

¿Cuándo comienza?
cuándô cômiênsá?
Quando começa?

— Pronto. A las ocho y media.
prôntô. á lás ôtchô i mêdiá.
Logo, às oito e meia.

Tenemos quince minutos para llegar.
tênêmôs quincê minutôs párá lhêgár.
Temos quinze minutos para chegar.

— Y ¿sabéis cuándo termina?
i sábêis cuándô têrminá?
E vocês sabem quando termina?

— Termina a las diez y media, más o menos.
têrminá á lás diêss i mêdiá, más ô mênôs.
Termina às dez e meia, mais ou menos.

— Eso no es tarde,
êssô nô ês *tárdê*.
Não é tarde.

— Entonces tengo tiempo.
êntôncês *têngô tiêmpô*.
Então tenho tempo.

Voy con vosotras y os invito.
bôi côn bôssôtrás i ôs in*bitô*.
Vou com vocês e as estou convidando.

> **O pronome os**
> *O pronome* os *corresponde ao pronome objetivo direto da 2ª pessoa do plural para o masculino e feminino.*

— Hombre! No es necesario.
ômbrê! nô ês nêcêssáriô.
Ora! Não é necessário.

> **¡Hombre!**
> *Literalmente,* hombre *quer dizer "homem". No entanto, como interjeição, tem sentido de "Ora!", "Imagine!".*

Somos muchas,
sômôs *mutchás*.
Somos muitas.

Cada uno paga su parte.
***cádá* unô *págá* su *pártê*.**
Cada um paga a sua parte.

TESTE O SEU ESPANHOL

Preencha utilizando as formas verbais corretas. Marque 10 pontos para cada resposta correta. Veja as respostas na página seguinte.

1. Você compreende?
   ¿ _____ tú?

2. Eu não compreendo.
   Yo no _____ .

3. Onde o senhor mora?
   ¿Dónde _____ Ud.?

4. Eu moro na rua Mayor.
   Yo _____ en la calle Mayor.

5. Nós moramos no México.
   Nosotros _____ en México.

6. Eles leem revistas e livros.
   Ellos _____ revistas y libros.

7. Eu venho de Nova York.
   Yo _____ de Nueva York.

8. Eu tenho um passaporte americano.
   Yo _____ un pasaporte americano.

9. Eu vou com vocês.
   Yo _____ con vosotras.

10. Nós entendemos espanhol.
    Nosotros _____ español.

Respostas: 1. Comprende 2. comprendo 3. vive 4. vivo 5. vivimos 6. leen 7. vengo 8. tengo 9. voy 10. comprendemos.

Resultado: _____ %

passo 6 RELAÇÕES DE PARENTESCO

¿Quiénes son los miembros de una familia?
quiênês sôn lôs miêmbrôs dê uná fámiliá?
Quem são os membros de uma família?

marido y mujer
máridô i muhêr
marido e mulher

padres y niños
pádrês i ninhôs
pais e filhos

padre e hijo
pádrê ê ihô
pai e filho

madre e hija
mádrê e ihá
mãe e filha

> **O y se transforma em e**
> A conjunção y ("e") se transforma em e antes de palavras que começam por -i ou por hi por uma questão fonética. A conjunção alternativa o ("ou") se transforma em u antes de palavras que começam por -o ou -ho.

hermano y hermana
êrmánô i êrmáná
irmão e irmã

abuelo y nieto
ábuêlô i niêtô
avô e neto

abuela y nieta
ábuêlá i niêtá
avó e neta

El señor Zavala es un hombre de negocios.
êl sênhôr sábálá ês un ômbrê dê nêgóciôs.
O sr. Zavala é um homem de negócios.

Tiene su oficina en Madrid.
tiênê su ôfi*ci*ná ên má*dri*.
Tem seu escritório em Madri.

Los Zavala tienen dos hijos,
lôs sá*bá*lá tiênên dôs *i*hôs,
Os Zavala têm dois filhos,

un hijo y una hija.
un *i*hô i u*ná i*há.
um filho e uma filha.

Su hijo, Guillermo, es estudiante.
su *i*hô, gui*lh*ê*r*mô, ês êstudi*á*ntê.
Seu filho, Guilherme, é estudante.

Va a la escuela.
bá á lá êscu*ê*lá.
Ele vai à escola.

Pilar, la hermana de Guillermo,
pi*lár*, lá êr*má*ná dê gui*lh*ê*r*mô,
Pilar, a irmã de Guilherme,

estudia arte.
ês*tu*diá *ár*tê.
estuda artes.

Tiene novio, está comprometida.
tiênê *n*ôbiô, ês*tá* cômprômê*ti*dá.
Tem um namorado, está noiva.

> **Namorado ou noivo?**
> *Observe:*
>   novio = *namorado*
>   comprometido = *noivo*

Su novio es abogado.
su *n*ôbiô ês á*b*ô*gá*dô.
Seu namorado é advogado.

71

El padre del señor Zavala,
êl *pádrê* dêl sênhôr sá*bá*lá,
O pai do sr. Zavala,

el abuelo de Guillermo y Pilar,
êl ábuêlô dê gui*lh*êrmô i pi*lár*,
o avô de Guilherme e Pilar,

está retirado.
está rêti*rá*dô.
é aposentado.

Es un antiguo oficial del ejército.
ês un ántiguô ôficiál dêl êhêrcitô.
É um ex-oficial de exército.

En una familia también tenemos:
ên uná *fá*miliá támbiên tênêmôs:
Em uma família também temos:

los tíos y las tías,
lôs *ti*ôs i lás *ti*ás,
os tios e as tias,

los sobrinos y las sobrinas,
lôs sôbrinôs i lás sôbrinás,
os sobrinhos e as sobrinhas,

los primos y las primas.
lôs *pri*môs i lás *pri*más.
os primos e as primas.

En la familia política tenemos:
ên lá *fá*miliá pôliticá tênêmôs:
Na família constituída pelo casamento temos:

el suegro y la suegra,
él suêgrô i lá suêgrá,
o sogro e a sogra,

el cuñado y la cuñada,
êl cunhádô i lá cunhádá,
o cunhado e a cunhada,

el yerno y la nuera.
êl iêrnô i lá nuêrá.
o genro e a nora.

CONVERSAÇÃO: FALANDO SOBRE UMA FAMÍLIA

— ¿Está Ud. casada?
êstá ustê cássádá?
A senhora é casada?

— Sí, aquel caballero es mi marido.
si, áquêl cábálhêrô ês mi máridô.
Sim, aquele senhor é meu marido.

— ¿El de barba?
êl dê bárbá?
O de barba?

— No, el otro; el de bigote.
nô, êl ôtrô; êl dê bigôtê.
Não, o outro; o de bigode.

— ¿Tiene Ud. hijos?
tiênê ustê íhôs?
A senhora tem filhos?

— Tenemos cuatro —
tênêmôs cuátrô —
Temos quatro —

tres hijos y una hija.
três íhôs i uná íhá.
três filhos e uma filha.

¿Y usted?
i ustê?
E o senhor?

— No tengo hijos — soy soltero.
nô têngô ihôs — sôi sôltêrô.
Não tenho filhos — sou solteiro.

¿Están sus hijos aquí?
êstán sus ihôs áqui?
Seus filhos estão aqui?

— No. Uno de ellos vive en Inglaterra.
nô. unô dê êlhôs bibê ên inglátêrrá.
Não. Um deles vive na Inglaterra.

Está casado con una inglesa.
êstá cássádô côn uná inglêssá.
É casado com uma inglesa.

Los otros muchachos y la niña
lôs ôtrôs mutchátchôs i lá ninhá
Os outros meninos e a menina

están todavia en el colegio.
están tôdábiá ên êl côlêhiô.
estão ainda no colégio.

Aquí tiene una foto de ellos.
áqui tiênê uná fôtô de êlhôs.
Aqui tem uma foto deles.

¡Qué niños tan hermosos!
quê ninhôs tán êrmôssôs!
Que filhos bonitos!

¿Cuántos años tienen?
cuántôs ánhôs tiênên?
Quantos anos eles têm?

— Pedro tiene catorce años
pêdrô tiênê cátôrcê ánhôs
Pedro tem quatorze anos

75

y Jorge tiene doce.
i *hôr*hê tiê*nê dô*cê.
e Jorge tem doze.

Y esta es Dolores.
i ê*stá* ês dô*lô*rês.
E esta é Dolores.

Tiene casi diecisiete años.
tiê*nê cá*ssi diê*cis*siê*tê á*nhôs.
Tem quase dezessete anos.

— ¡Qué bonita es!
quê bô*ni*tá ês!
Como ela é bonita!

¡Y que ojos tan lindos!
i quê ô*hôs tán lin*dôs!
E que olhos mais lindos!

¿A qué colegio van?
á quê cô*lê*hiô bán?
Que colégio frequentam?

— Los muchachos van
lôs mu*tchá*tchôs bán
Os meninos frequentam

a un colegio en San Pablo.
á un cô*lê*hiô ên sán *pá*blô.
um colégio em São Paulo.

Pero nuestra hija estudia
pê*rô nuê*strá i*há ê*studiá
Mas nossa filha estuda

en una escuela de niñas
ên *u*ná ê*scuê*lá dê *ni*nhás
em uma escola para meninas

en Barcelona.
ên bárcêlôná.
em Barcelona.

Tenemos parientes allá
tênêmôs páriêntês álhá
Temos parentes lá

y vive con ellos.
i bibê côn êlhôs.
e ela mora com eles.

— ¿De veras?
dê bêrás?
Verdade?

¿Está contenta tan lejos
êstá côntêntá tán lêhôs
Está contente assim tão longe

de sus padres?
dê sus pádrês?
de seus pais?

— ¿Cómo no?
cômô nô?
Como não?

Está muy feliz.
êstá mui fêliss.
Está muito feliz.

— Sin duda habla español muy bien, ¿no?
sin dudá áblá êspánhôl mui biên, nô?
Com certeza fala espanhol muito bem, não é?

— Claro! Mejor que yo.
clárô! mêhôr quê djô.
Claro! Melhor que eu.

77

— Pero Ud. habla el castellano perfectamente.
pêrô ustê áblá êl cástêlhánô pêrfêctámêntê.
Mas a senhora fala o castelhano perfeitamente.

> **Castelhano e espanhol**
> *Espanhol e castelhano são a mesma língua. Na Espanha são faladas quatro línguas: o basco é falado ao norte; o galego é falado na Galícia, ao norte de Portugal; o catalão é falado na Catalunha, região próxima da França, e nas ilhas Baleares; e o castelhano é falado no restante do país e nas ilhas Canárias. O castelhano é a língua oficial da Espanha. Todas as regiões espanholas, além de falarem sua língua regional, falam o castelhano. Por isso é também chamado espanhol. O nome castelhano deve-se ao fato de essa língua ter nascido na região de Castela, mais ou menos no centro da Espanha, que acabou por dominar politicamente todas as demais regiões na Idade Média. Foi essa língua que os conquistadores trouxeram para a América. Evidentemente, há algumas diferenças de pronúncia e vocabulário entre o castelhano falado em cada um desses países, assim como existem diferenças entre o português falado em Portugal e o falado no Brasil.*

— Mil gracias.
mil gráciás.
Muitíssimo obrigada.

Ud. es muy amable.
ustê ês mui ámáblê.
O senhor é muito amável.

Oh, aquí viene mi marido.
ô, áqui biênê mi máridô.
Oh, aqui vem meu marido.

Probablemente es hora de partir.
prôbáblêmêntê ês ôrá dê pártir.
Provavelmente está na hora de ir embora.

TESTE O SEU ESPANHOL

Passe as orações abaixo para o espanhol. Marque 10 pontos para cada resposta correta. Veja as respostas no final da página.

1. A senhora é casada? _____

2. Sim. Aquele senhor é meu marido. _____

3. A senhora tem filhos? _____

4. Nós temos quatro — três meninos e uma menina. _____

5. Que crianças bonitas! _____

6. Quantos anos eles têm? _____

7. Ela tem quase dezessete anos. _____

8. Eu sou solteiro. _____

9. Ela é muito feliz. _____

10. Muitíssimo obrigada. _____

Respostas: 1. ¿Está Ud. casada? 2. Sí. Aquel caballero es mi marido. 3. ¿Tiene Ud. hijos? 4. Tenemos cuatro – tres hijos y una hija. 5. ¡Qué niños tan hermosos! 6. ¿Cuántos años tienen? 7. Ella tiene casi diecisiete años. 8. Soy soltero. 9. Ella es muy feliz. 10. Mil gracias.

Resultado: _____%

passo 7 — COMO LER, ESCREVER, SOLETRAR E PRONUNCIAR O ESPANHOL

Este es el alfabeto español:
êstê ês êl álfábêtô espánhôl:
Este é o alfabeto espanhol:

A	B	C	CH	D	E	F	G	H
á	**bê**	**cê**	**tchê**	**dê**	**ê**	**êfê**	**hê**	**átchê**

I	J	K	L	LL	M	N	Ñ	O
i	**hôtá**	**cá**	**êlê**	**êlhê**	**êmê**	**ênê**	**ênhê**	**ô**

P	Q	R	S	T	U	V
pê	**cu**	**êrrê**	**êssê**	**tê**	**u**	**ubê**

W	X	Y	Z
ubê dôblê	**êquis**	**i griêgá**	**cêtá**

O w
Há quem considere que o alfabeto espanhol tem apenas 28 letras, uma vez que o W só é usado na grafia de palavras estrangeiras.
Por esse mesmo critério, diz-se que o alfabeto português tem 23 letras, excluindo-se k, w e y.

El alfabeto español
êl álfábêtô êspánhôl
O alfabeto espanhol

tiene 29 letras.
tiênê bêintinuêbê lêtrás.
tem 29 letras.

El alfabeto portugués
êl álfá*bê*tô pôrtu*guês*
O alfabeto português

tiene 23 letras.
tiênê bêinti*três* *lê*trás.
tem 23 letras.

El alfabeto español
êl álfá*bê*tô êspá*nhôl*
O alfabeto espanhol

tiene más letras
tiênê más *lê*trás
tem mais letras

que el alfabeto portugués.
quê êl álfá*bê*tô pôrtu*guês*.
que o alfabeto português.

¿Cuántas más? Más seis.
cuántás más? más *sê*is.
Quantas a mais? Mais seis.

El alfabeto portugués
êl álfá*bê*tô pôrtu*guês*
O alfabeto português

tiene menos letras
tiênê *mê*nôs *lê*trás
tem menos letras

que el alfabeto español.
quê êl álfá*bê*tô êspá*nhôl*.
que o alfabeto espanhol.

¿Cuántas menos? Menos seis.
cuántás *mê*nôs? *mê*nos *sê*is.
Quantas a menos? Menos seis.

Muchas letras son las mismas,
mutchás lêtrás sôn lás mismás,
Muitas letras são iguais,

pero algunas son diferentes,
pêrô álgunás sôn difêrêntês,
porém algumas são diferentes,

como la *ch*, la *ll*, y la *ñ*.
cômô lá tchê, lá êlhê i lá ênhê.
como ch, ll e ñ.

La pronunciación de las letras
lá prônunciáciôn dê lás lêtrás
A pronúncia das letras

también es diferente en español.
támbiên ês difêrêntê ên êspánhôl.
também é diferente em espanhol.

Y ahora algunas preguntas:
i áôrá álgunás prêguntás:
E agora algumas perguntas:

¿Cómo se escribe
cômô sê êscribê
Como se escreve

la palabra *España*?
lá pálábrá êspánhá?
a palavra España?

España se escribe
êspánhá sê êscribê
España *se escreve*

E S P A Ñ A.
ê, êssê, pê, á, ênhê, á.
E S P A N H A.

¿Dónde se pone el acento
dôndê sê pônê êl ácêntô
Onde se coloca o acento

en la palabra *México*?
ên lá pálábrá mêhicô?
na palavra México?

> Se pone el acento sobre la e.
> **sê pônê êl ácêntô sôbrê lá ê.**
> *Coloca-se o acento sobre a letra e.*

> > ***Começando a frase com um pronome***
> > *Em espanhol, ao contrário do português, é gramaticalmente correto iniciar uma frase com o pronome oblíquo.*

¿Dónde se pone el acento
dôndê sê pônê êl ácêntô
Onde se coloca o acento

en el apellido *Jiménez*?
ên êl ápêlhidô himênêss?
no sobrenome Jiménez?

> Se pone el acento sobre la primera e.
> **sê pônê êl ácêntô sôbrê lá primêrá ê.**
> *Coloca-se o acento sobre o primeiro e.*

— ¿Cómo se llama Ud.?
cômô sê llámá ustê?
Como a senhora se chama?

> > ***O verbo* llamar**
> > *Observe os vários sentidos de* llamar:
> >
> > > Él llama al perro. — *Ele chama o cachorro.*
> > > Me llamo Ana. — *Eu me chamo Ana.*
> > > Ella llama Pedro al teléfono. — *Ela telefona para Pedro.*

— Yo me llamo María Dixon.
djô mê *lhá*mô *má*riá *dic*sôn.
Eu me chamo Maria Dixon.

— ¿Cómo se escribe su apellido?
cômô sê ês*cri*bê su áp*êl*hidô?
Como se escreve seu sobrenome?

— Se escribe D-I-X-O-N.
sê ês*cri*bê dê, i, êquis, ô, ênê.
Escreve-se D-I-X-O-N.

— ¿Cómo se llaman esos señores?
côm*ô* sê *lhá*mán êssôs sên*hô*rês?
Como se chamam essas pessoas?

— Se llaman Ricardo y Pilar Martín.
sê *lhá*mán ri*cár*dô i pi*lár már*tin.
Chamam-se Ricardo e Pilar Martín.

— ¿Sabe Ud. cómo me llamo?
sábê ustê cômô mê *lhá*mô?
O senhor sabe como me chamo?

— Sí, Ud. se llama Jorge Castillo.
si, ustê sê *lhá*má *hór*hê cás*ti*lhô.
Sim, o senhor se chama Jorge Castillo.

Nosotros escribimos cartas
nôssôtrôs êscribimôs *cár*tás
Nós escrevemos cartas

a nuestros amigos.
á nuêstrôs ámigôs.
a nossos amigos.

Escribimos el nombre y la dirección
êscribimôs êl *nôm*brê i lá dirêcciôn
Escrevemos o nome e o endereço

84

en el sobre,
ên êl *sóbrê*,
no envelope,

Ponemos la carta dentro;
pônêmôs lá *cártá dêntrô*;
colocamos a carta dentro;

luego cerramos el sobre,
luêgô cêrrámôs êl *sóbrê*,
depois fechamos o envelope,

> **Luego**
> Luego, *na Espanha, tem o sentido de "depois", "mais tarde". Já na América espanhola significa "em seguida". "Logo" é traduzido, no espanhol, por* pronto.

y ponemos estampillas.
i pô*n*êmôs êstám*p*ilhás.
e colocamos selos.

> **Estampillas**
> *A palavra* estampilla, *para "selo", é usada na América espanhola. Na Espanha usa-se, com maior frequência,* sello.

CORRESPONDÊNCIA: BILHETE DE AGRADECIMENTO E CARTÃO-POSTAL

Una carta a un amigo:
uná cártá á un ámigô:
Uma carta a um amigo:

    Querido Roberto,
    quêridô rôbêrtô,
    Querido Roberto,

    Muchas gracias por las flores.
    mutchás gráciás pôr lás flôrês.
    Muito obrigada pelas flores.

    ¡Son bellíssimas!
    sôn bê*l*híssimás!
    São belíssimas!

    Las rosas amarillas
    lás *rô*ssás ámárí*l*hás
    As rosas amarelas

    son mis flores favoritas.
    sôn mis *fl*ôrês fábôritás.
    são minhas flores favoritas.

    Eres muy amable.
    êrês *mui* ámáblê.
    Você é muito amável.

    ¡Hasta muy pronto!
    ástá *mui* prôntô!
    Até breve!

Sinceramente, Anita.
sincêrámêntê, ánitá.
Sinceramente, Anita.

Una tarjeta postal a una amiga:
uná tárhêtá pôstál á uná ámigá:
Um cartão-postal a uma amiga:

Querida Isabel,
quêridá issábêl,
Querida Isabel,

Mis mejores salutos desde Acapulco.
mis mêhôrês sálutôs dêsdê ácápulcô.
Minhas melhores saudações aqui de Acapulco.

Todo aquí es muy bello.
tôdô áqui ês mui bêlhô.
Tudo aqui é muito belo.

El clima es magnífico
êl climá ês mágnificô
O clima é magnífico

y la gente es muy interesante.
i lá hêntê ês mui intêrêssántê.
e as pessoas muito interessantes.

Pero no estás aquí... ¡Qué pena!
pêrô nô êstás áqui... quê pêná!
Mas você não está aqui... Que pena!

Cariñosamente, Ricardo.
cárinhôssámêntê, ricárdô.
Carinhosamente, Ricardo.

> **La gente**
> *Note o emprego de* la gente *em lugar de "as pessoas".*

TESTE O SEU ESPANHOL

Passe estas orações para o português. Marque 10 pontos para cada resposta certa. Veja as respostas abaixo.

1. Muchas gracias por las flores. _____
2. ¡Son bellíssimas! _____
3. Las rosas amarillas son mis flores favoritas. _____
4. Gracias otra vez. _____
5. Hasta muy pronto. _____
6. Mis mejores salutos desde Acapulco. _____
7. Todo aquí es muy bello. _____
8. El clima es magnífico. _____
9. La gente es muy interesante. _____
10. Tu no estás aquí. _____

Respostas: 1. Muito obrigada pelas flores. 2. São belíssimas. 3. As rosas amarelas são minhas flores favoritas. 4. Obrigada novamente. 5. Até logo. 6. Minhas melhores saudações aqui de Acapulco. 7. Aqui tudo é muito bonito. 8. O clima é magnífico. 9. As pessoas são muito interessantes. 10. Você não está aqui.

Resultado:_____ %

passo 8 — VERBOS BÁSICOS COM REFERÊNCIA AOS SENTIDOS

Aquí tenemos otros verbos muy importantes:
áqui tênêmôs ôtrôs bêrbôs mui impôrtántês:
Apresentamos aqui outros verbos muito importantes:

ver, mirar, leer, escribir, oír, escuchar,
bêr, mirár, lêêr, êscribir, ôir, êscutchár,
ver, olhar, ler, escrever, ouvir, escutar,

comer, beber y otros más.
cômêr, bêbêr i ôtrôs más.
comer, beber *e outros.*

Con los ojos vemos.
côn lôs ôhôs bêmôs.
Com os olhos vemos.

    Yo le veo a Ud.
    djô lê bêô á ustê.
    Eu vejo o senhor.

    Ud. me ve a mí.
    ustê mê bê á mi.
    O senhor me vê.

> ***Os pronomes complementares***
> *As formas dos pronomes objetivos diretos e indiretos são as mesmas para todas as pessoas, exceto a 3ª do singular e a 3ª do plural.*

	pron. sujeito	pron. complemento		
		obj. dir.	obj. indir.	com. prep.
	yo	me	me	mí
	tú	te	te	tí
	él	le, lo	le	él
	Ud. (masc.)	le, lo	le	Ud.
	ella	la *se (refl.)*	le *se (refl.)*	ella
	Ud. (fem.)	la	le	Ud.
	nosotros	nos	nos	nosotros
	nosotras	nos	nos	nosotras
	vosotros	os	os	vosotros
	vosotras	os	os	vosotras
	ellos	los	les	ellos
	Uds. (masc.)	los *se (refl.)*	les *se (refl.)*	Uds.
	ellas	las	les	ellas
	Uds. (fem.)	las	les	Uds.

Os pronomes objetivos diretos e indiretos são usados antes do verbo, exceto em três casos que veremos adiante. Para que fique claro a quem se dirige a ação podemos usar a preposição a com as formas da última coluna. Se dizemos, por exemplo, le vemos, *não fica claro de quem se trata. Diremos então* Vemos a él, Vemos a ella *ou* Vemos a Ud.

Nosotros vemos películas.
nôssôtrôs bêmôs películás.
Nós vemos filmes.

Miramos a los actores en la televisión.
mirámôs á lôs áctôrês ên lá têlêbissiôn.
Olhamos os atores na televisão.

> ***Objeto direto com* a**
> *Geralmente, usa-se a preposição* a *antes do objeto direto quando se trata de pessoas.*

Con los ojos leemos.
côn lôs ôhôs lêêmôs.
Com os olhos lemos.

Este hombre está leyendo un periódico.
êstê ômbrê êstá lêiêndô un pêriôdicô.
Este homem está lendo um jornal.

> **Forma progressiva**
> *A forma progressiva do presente expressa alguma coisa que está acontecendo enquanto se está falando. Ela é formada pelo presente do verbo* estar *mais o gerúndio. O gerúndio termina em* -ando *nos verbos da 1ª conjugação e em* -iendo *nos verbos da 2ª e da 3ª conjugações.*
>
> *estou olhando* = estoy mirando
> *ela está comendo* = ella está comiendo
> *nós estamos escrevendo* = nosotros estamos escribiendo

Esa mujer no está leyendo un periódico,
êssá mu*h*êr nô êstá lêiêndô un pêriôdicô,
Essa mulher não está lendo um jornal,

sino una revista.
sinô uná rêbistá.
mas uma revista.

> **Pero e sino**
> *Na maioria das vezes a conjunção "mas" é traduzida por* pero, *mas quando uma ideia negativa é contrastada com uma afirmativa que vem depois dela a conjunção utilizada é* sino:
>
> Ella no es su esposa sino su secretaria.
> Él no va en coche sino en tren.

Escribimos con un lápiz o una pluma.
êscri*b*imôs côn un *l*ápiss ô uná *p*lumá.
Escrevemos com um lápis ou com uma caneta.

Yo escribo cartas a mano.
djô êscribô *c*ártás á *m*ánô.
Eu escrevo cartas a mão.

La secretaria está escribiendo una carta
lá sêcrêtáriá êstá êscribiêndô uná cártá
A secretária está escrevendo uma carta

en la máquina de escribir.
ên lá máquiná dê êscribir.
na máquina de escrever.

Oímos con los oídos.
ôimôs côn lôs ôidôs.
Ouvimos com os ouvidos.

Oímos muchos sonidos diferentes.
ôimôs mutchôs sônidôs difêrêntês.
Ouvimos muitos sons diferentes.

Escuchamos la radio.
êscutchámôs lá rádiô.
Escutamos rádio.

Oímos música, noticias y propaganda.
ôimôs mussicá, nôticiás i propágándá.
Ouvimos música, notícias e propaganda.

Una dama está cantando.
uná dámá êstá cántándô.
Uma dama está cantando.

La gente está escuchando.
lá hêntê êstá êscutchándô.
As pessoas estão escutando.

Cuando ella termina toda la gente dice:
cuándô êlhá têrminá tôdá lá hêntê dicê:
Quando ela termina, todos dizem:

Muy bien; excelente; ¡qué bien canta!
mui biên; êcsêlêntê; quê biên cántá!
Muito bem; excelente; como canta bem!

Respiramos com la nariz.
rêspirá*môs* côn lá ná*riss*.
Respiramos com o nariz.

Con la nariz también olemos.
côn lá ná*riss* támbiê*n* ôlê*môs*.
Com o nariz também cheiramos.

Con la boca comemos y bebemos.
côn lá *bôcá* cômê*môs* i bêbê*môs*.
Com a boca comemos e bebemos.

    Comemos pan, carne, verdura y fruta.
    cômê*môs* pán, *cár*nê, bêr*durá* i *frutá*.
    Comemos pão, carne, verduras e frutas.

    Bebemos café, té, cerveza, vino... y agua.
    bêbê*môs* cá*fê*, tê, cêrbês*sá*, bi*nô*... i á*guá*.
    Bebemos café, chá, cerveja, vinho... e água.

> **Beber — tomar**
> *Embora a palavra* beber *seja correntemente utilizada, é mais educado dizer-se* tomar *ao se fazer um convite:*
>
>   *O que deseja beber?* = ¿Qué toma Ud.?

El señor Lopez no bebe agua, sino vino.
êl sê*nhôr* lô*pêss* nô *bê*bê á*guá*, si*nô* bi*nô*.
O sr. López não está bebendo água, mas vinho.

Caminamos y corremos con las piernas y los pies.
cámi*námôs* i côrrê*môs* côn lás piêr*nás* i lôs piê*s*.
Caminhamos e corremos com as pernas e com os pés.

Algunos chicos están corriendo en el parque.
álgu*nô* *tchi*cô*s* êstá*n* côrriê*ndô* ê*n* êl *pár*quê.
Alguns meninos estão correndo no parque.

Corrén detrás de una pelota.
côrrê*n* dê*trás* dê u*ná* pêlô*tá*.
Correm atrás de uma bola.

En una discoteca alguns jóvenes están bailando.
ên uná discôtêcá álgunôs hôbênês êstán báilándô.
Em uma discoteca alguns jovens estão bailando.

Cuando bailan mueven todo el cuerpo.
cuándô bailán muêbên tôdô êl cuêrpô.
Quando bailam, movem todo o corpo.

Con el cuerpo sentimos sensaciones.
côn êl cuêrpô sêntimôs sênsáciônês.
Com o corpo sentimos sensações.

Sentimos calor y frio,
sêntimôs cálôr i friô,
Sentimos calor e frio,

hambre y sed, dolor y placer.
ámbrê i sêd, dôlôr i plácêr.
fome e sede, dor e prazer.

Aquí presentamos algunos ejemplos
áqui prêssêntámôs álgunôs êhêmplôs
Aqui apresentamos alguns exemplos

del uso del pronombre
dêl ussô dêl prônômbrê
do uso do pronome

como complemento directo:
cômô cômplêmêntô dirêctô:
como objeto direto:

Juan está en el campo.
huán êstá ên êl cámpô.
João está no campo.

Mira los pájaros y los árboles.
mirá lôs páhárôs i lôs árbôlês.
Olha os pássaros e as árvores.

Los mira.
lôs mirá.
Olha-os.

Mira las flores.
mirá lás flôrês.
Olha as flores.

Las mira.
lás mirá.
Olha-as.

Un toro está comiendo hierba.
un tôrô êstá cômiêndô iêrbá.
Um touro está comendo capim.

El toro la está comiendo.
êl tôrô lá está cômiêndô.
O touro o está comendo.

Juan no ve el toro.
huán nô bê êl tôrô.
João não vê o touro.

No lo ve.
nô lô bê.
Não o vê.

Pero el toro ve a Juan.
pêrô êl tôrô bê á huán.
Mas o touro vê João.

Lo ve.
lô bê.
(O touro) o vê.

Juan oye el toro.
huán ôiê êl tôrô.
João ouve o touro.

Lo oye y lo ve.
lô ôiê i lô bê.
(João) o ouve e o vê.

Juan corre a la cerca.
huán côrrê á lá cêrcá.
João corre até a cerca.

La salta.
lá sáltá.
Salta-a.

Está salvo.
êstá sálbô.
Está salvo.

CONVERSAÇÃO: NUMA DISCOTECA

PABLO:
páblô:
PAULO:
   ¿Ves a aquella muchacha?
   bês á á*quê*lhá mu*tchá*tchá?
   Vês aquela garota?

ANTONIO:
ántôniô:
ANTÔNIO:
   ¿Cómo dices?
   cômô dicês?
   O que você está dizendo?

   No te oigo muy bien.
   nô tê ôigô *mu*i biên.
   Não o estou ouvindo muito bem.

   Hay mucho ruido aquí.
   ái *mu*tchô ruidô áqui.
   Há muito ruído aqui.

PABLO:
   Estoy diciendo:
   êstôi diciêndô:
   Estou dizendo:

   ¿Ves a aquella muchacha?
   bês á á*quê*lhá mu*tchá*tchá?
   Você está vendo aquela garota?

ANTONIO:
¿Cuál? Veo muchas.
cuál? bêô mutchás.
Qual? Estou vendo muitas.

PABLO:
La que está cerca del micrófono.
Lá quê êstá cêrcá dêl micrôfônô.
A que está perto do microfone.

ANTONIO:
¿La rubia que está cantando?
lá rubiá quê êstá cántándô?
A ruiva que está cantando?

O la otra que está tocando el piano?
ô lá ôtrá quê êstá tôcándô êl piánô?
Ou a outra que está tocando piano?

PABLO:
No, no, no. La chica bonita
nô, nô, nô. lá tchicá bônitá
Não, não, não. A garota bonita

con el pelo negro.
côn êl pêlô nêgrô.
de cabelo preto.

Lleba un traje rojo.
lhêbá un tráhê rôhô.
Está vestida de vermelho.

> **Atenção:**
> rojo = *vermelho*
> morado = *roxo*

ANTONIO:
¿La que está bailando
lá quê está báilándo
A que está dançando

con el viejo?
côn êl biêhô?
com um velho?

PABLO:
¡Sí, ésa es!
si, êssá ês!
Sim, é essa!

ANTONIO:
Es muy bella.
ês *mui* bêlhá.
É muito bonita.

¡Y qué bien baila!
i quê biên *báilá*!
E como dança bem!

PABLO:
¿La conoces?
lá cônôcês?
Você a conhece?

ANTONIO:
No, no la conozco.
nô, nô lá cônôscô.
Não, não a conheço.

PABLO:
¿Sabes quién es?
***sábês* quiên ês?**
Você sabe quem ela é?

ANTONIO:
No, no sé quién es.
nô, nô sê quiên ês.
Não, não sei quem é.

¿Lo sabes tú?
lô *sábês* tu?
Você sabe?

PABLO:
¡Hombre! Claro que no sé.
ômbrê! *clárô* quê nô sê.
Ora! Claro que não sei.

Por eso estoy preguntando.
pôr êssô êstôi prêgun*tándô*.
Por isso é que estou perguntando.

ANTONIO:
¡Está bien! ¡Está bien!
ê*stá* biên! ê*stá* biên!
Está bem! Está bem!

Veo que estás muy interesado.
bêô quê ês*tás* mui intêrês*sádô*.
Vejo que você está muito interessado.

Vamos a ver a mi amigo Pepe.
bámôs á bêr á mi ámigô pêpê.
Vamos procurar meu amigo Pepe.

Él conoce a todo el mundo.
êl cônôcê á tôdô êl mundô.
Ele conhece todo o mundo.

TESTE O SEU ESPANHOL

Associe as frases das duas colunas pela numeração. Marque 10 pontos para cada resposta correta. Veja as respostas abaixo.

1. Eu vejo você. — ___ Sentimos el calor y el frío.
2. Você me vê. — ___ ¿Ves a aquella muchacha?
3. Nós ouvimos o rádio. — ___ No le oigo muy bien.
4. Sentimos calor e frio. — ___ ¿Sabes quién es?
5. Você está vendo aquela garota? — ___ ¿La conoces?
6. O que você está dizendo? — ___ Me ves a mí.
7. Não o ouço muito bem. — ___ Hay mucho ruido aquí.
8. Há muito barulho aqui. — ___ ¿Cómo dice?
9. Você a conhece? — ___ Yo te veo a tú.
10. Você sabe quem é? — ___ Escuchamos la radio.

Respostas: 4, 5, 7, 10, 9, 2, 8, 6, 1, 3.

Resultado: _____ %

passo 9 PROFISSÕES E OCUPAÇÕES

Para saber el puesto o la profesión
párá sábêr êl puêstô ô lá prôfêssiôn
Para saber o cargo ou ocupação

de una persona decimos:
dê *uná pêrsôná dêcímôs:*
de uma pessoa dizemos:

"¿Dónde trabaja Ud.?"
"*dôndê trábáhá* ustê?"
"Onde o senhor trabalha?"

o: "¿Cuál es su profesión?"
ô: **"*cuál* ês su *prôfêssiôn*?"**
ou: "qual é sua profissão?"

Un hombre de negocios trabaja en una oficina.
un *ômbrê* dê *nêgóciôs trábáhá* ên *uná ôficiná*.
Um homem de negócios trabalha em um escritório.

Los obreros trabajan en las fábricas.
lôs *ôbrêrôs trábáhán* ên lás *fábricás*.
Os operários trabalham nas fábricas.

Los médicos atienden a los enfermos.
lôs *médicôs átiêndên* á lôs *ênfêrmôs*.
Os médicos atendem os doentes.

Los actores y las actrices
lôs *áctôres* i lás *áctricês*
Os atores e as atrizes

trabajan en el teatro o en el cine.
trábáhán ên êl teátrô ô ên êl *cinê*.
trabalham no teatro ou no cinema.

Un artista pinta cuadros.
un ártistá pintá cuádrôs.
Um artista pinta quadros.

Un autor escribe libros.
un áutôr êscrîbê lîbrôs.
Um autor escreve livros.

Um músico toca el piano u otro instrumento.
Un *mussicô* tôcá êl piánô u ôtrô instrumêntô.
Um músico toca piano ou outro instrumento.

Un mecánico hace reparaciones.
un mêcánicô ácê rêpáráciônês.
Um mecânico faz reparos.

Un cartero entrega el correo.
un cártêrô êntrêga êl côrrêô.
Um carteiro entrega cartas.

Un conductor de autobús conduce el autobús.
un cônductôr dê áutôbus cônducê êl áltôbus.
Um motorista de ônibus conduz o ônibus.

Los choferes de taxis conducen taxis.
lôs tchôfêrês dê *tácsis* cônducên *tácsis*.
Os choferes de táxis dirigem táxis.

Los bomberos apagan los incendios.
lôs bômbêrôs ápágán lôs incêndiôs.
Os bombeiros apagam os incêndios.

Los policías dirigen la circulación
lôs pôliciás diríhên lá circuláciôn
Os policiais dirigem o tráfego

Verbos irregulares
Entre os verbos que acabamos de apresentar, três possuem algumas irregularidades no indicativo presente: dirigir, conducir *e* atender*:*

dirijo	conduzco	atiendo
diriges	conduces	atiendes
dirige	conduce	atiende
dirigimos	conducimos	atendemos
dirigís	conducís	atendéis
dirigen	conducen	atienden

y arrestan criminales.
i **árréstán criminál**ês.
e prendem os criminosos.

CONVERSAÇÃO: NUMA FESTA

— ¡Qué fiesta tan divertida!
quê fiêstá tán dibêrtidá!
Que festa divertida!

— Sí. Los invitados son muy interesantes.
si. lôs inbitádôs sôn mui intêrêssántês.
Sim. Os convidados são muito interessantes.

— Es verdad. La señora de Céspedes
ês bêrdá. lá sênhôrá dê cêspêdês
É verdade. A sra. de Céspedes

tiene una gran variedad de amistades.
tiênê uná grán báriêdá dê ámistádês.
tem uma grande variedade de amizades.

A terminação -ad
A terminação -ad *frequentemente corresponde a "-ade" em português. Os substantivos terminados em -dad ou -tad são sempre femininos. Aqui temos alguns exemplos:*

variedad	= *variedade*
libertad	= *liberdade*
piedad	= *piedade*
fraternidad	= *fraternidade*
posibilidad	= *possibilidade*
probabilidad	= *probabilidade*
calidad	= *qualidade*
cantidad	= *quantidade*
necesidad	= *necessidade*

Amistad *corresponde a "amizade" e, no plural, corresponde a "amigos", quando se refere de maneira geral a eles.*

Como você pode perceber, seu vocabulário está avançando a grandes pasos.

En el grupo que está
ên êl grupô quê êstá
No grupo que está

cerca de la ventana
cêrcá dê lá bêntáná
perto da janela

hay un abogado, un compositor,
ái un ábôgádô, un cômpôssitôr,
há um advogado, um compositor,

un inginiero, un arquitecto,
un in-hiniêrô, un árquitêctô,
um engenheiro, um arquiteto,

un dentista y un torero.
un dêntistá i un tôrêrô.
um dentista e um toureiro.

— Es un grupo bastante diverso.
ês un grupô bástántê dibêrsô.
É um grupo muito diversificado.

¿Qué crees que están discutiendo:
quê crêês quê êstán discutiêndô:
O que você acha que estão discutindo:

arquitectura, música, derecho...?
árquitêcturá, mussicá, dêrêtchô...?
arquitetura, música, direito...?

— Las corridas, sin duda.
lás côrridás, sin dudá.
As touradas, sem dúvida.

— ¿Sabes quién es aquella mujer hermosa?
sábês quién ês áquêlhá muhêr êrmôssá?
Sabe quem é aquela mulher bonita?

Tiene un traje lindísimo.
tiênê un tráhê lindissimô.
Está com um vestido lindíssimo.

— Es una bailarina del Ballet Nacional.
ês uná báiláriná dêl bálê náciônál.
É uma bailarina do Ballet Nacional.

Se llama Beatriz Flores.
sê lhámá bêátriss flôrês.
Chama-se Beatriz Flores.

— Y ¿los dos caballeros
i lôs dôs cábálhêrôs
E os dois cavalheiros

que están con ella?
quê êstán côn êlhá?
que estão com ela?

— El señor de edad
êl sênhôr dê êdá
O senhor de idade

es un director de cine
ês un dirêctôr dê cinê
é um diretor de cinema

y el señor más jóven y buen mozo
i êl sênhôr más hôbên i buên môssô
e o senhor mais jovem e charmoso

es un actor.
ês un áctôr.
é um ator.

— Mire quién está entrando ahora.
mirê quiên está êntrándô aôrá.
Olhe quem está entrando agora.

Es Francisco de Alarcón,
ês fránciscô dê álárcôn,
É Francisco de Alarcón,

el famoso explorador de la selva.
êl fámôssô êcsplôrádôr dê lá sêlbá.
o famoso explorador da selva.

— ¿De veras? Hay un artículo sobre él
dê bêrás? ái un árticulô sôbrê êl
Verdade? Há um artigo sobre ele

en el periódico de hoy.
ên êl pêriôdicô dê ôi.
no jornal de hoje.

¡Qué vida de aventuras!
quê bidá dê ábênturás!
Que vida de aventuras!

— Es cierto. A propósito,
ês ciêrtô, á prôpôssitô,
Com certeza. A propósito,

yo lo conozco.
djô lô cônôscô.
eu o conheço.

Vamos a charlar un rato con él.
bámôs á tchárlár un rátô côn êl.
Vamos conversar um pouco com ele.

TESTE O SEU ESPANHOL

Associe as pessoas ao trabalho delas. Marque 10 pontos para cada resposta certa. Veja as respostas abaixo.

1. Un hombre de negocios   A conduce el autobús.
2. Los médicos   B apagan los incendios.
3. Un artista   C entrega el correo.
4. Los obreros   D arrestan a los criminales.
5. Un músico   E pinta cuadros.
6. Un cartero   F toca el piano.
7. Los bomberos   G trabajan en el cine.
8. Un conductor de autobús H trabaja en una oficina.
9. Los policías   I trabajan en las fábricas.
10. Los actores y actrices J atienden a los enfermos.

Respostas: 1-H; 2-J; 3-E; 4-I; 5-F; 6-C; 7-B; 8-A; 9-D; 10-G.

Resultado: _____%

passo 10 INFORMAÇÕES SOBRE A DIREÇÃO A SEGUIR — VIAGEM DE AUTOMÓVEL

Aquí hay algunos ejemplos
áqui ái álgunôs êhêmplôs
Aqui estão alguns exemplos

de como dar una orden
dê cômô dár uná ôrdên
de como dar uma ordem

y también del uso de los pronombres
i támbiên dêl ussô dê lôs prônômbrês
e também do uso dos pronomes

con las órdenes.
côn lás ôrdênês.
com as ordens.

Un hombre en un automóvil
un ômbrê ên un áutômôbil
Um homem em um carro

habla con un peatón. Le pregunta:
áblá côn un pêátôn. lê prêguntá:
fala com um pedestre. Pergunta-lhe:

— ¿Es ese el camino
   ês êssê êl cáminô
   É esse o caminho

para Ciudad Victoria?
párá ciudá bictôriá?
para a Cidade Victória?

El peatón le contesta:
êl pêátôn lê côntêstá:
O pedestre lhe responde:

— No, señor. Éste no es.
nô, sênhôr. êstê nô ês.
Não, senhor. Não é este.

Siga derecho dos calles más.
sigá dêrêtchô dôs cálhês más.
Siga direto duas ruas mais.

O imperativo

Veremos aqui o imperativo para todas as pessoas, menos a 2ª, do singular e do plural.

Para os verbos da 1ª conjugação, o imperativo para essas pessoas é formado pela substituição do a pelo e nas terminações do presente do indicativo.

inf.	pres.	imperat.
hablar	usted habla	¡Hable!
	nosotros hablamos	¡Hablemos!
	ustedes hablan	¡Hablen!

Para os verbos das 2ª e 3ª conjugações, substitui-se o e pelo a nas terminações do presente do indicativo.

inf.	pres.	imperat.
aprender	usted aprende	¡Aprenda!
	nosotros aprendemos	¡Aprendamos!
escribir	nosotros escribimos	¡Escribamos!
	ustedes escriben	¡Escriban!

Quando a 1ª pessoa do singular do presente do indicativo termina em -go, no imperativo mantém-se o g, e as terminações sofrem as mesmas alterações descritas acima.

inf.	*1ª pess. pres.*	*imperat.*
salir	salgo	¡Salga usted!
		¡Salgamos nosotros!
		¡Salgan ustedes!

Para essas pessoas, as formas do imperativo negativo são iguais às do afirmativo, acrescentando-se apenas no *antes do verbo:*

¡No hablemos!
¡No salga!

Entre os verbos irregulares, é importante citar ser *(sea, seamos, sean) e* ir *(vaya, vamos, vayan).*

Tome la izquierda.
tômê lá isquiêrdá.
Tome a esquerda.

Siga hasta el semáforo.
sigá ástá êl sêmáfôrô.
Siga até o semáforo.

Luego tome a la derecha.
luêgô tômê á lá dêrêtchá.
Depois tome a direita.

Esa es la carretera.
êssá ês lá cárrêtêrá.
É essa a estrada.

Pero tenga cuidado.
pêrô têngá cuidádô.
Mas tenha cuidado.

Hay límite de velocidad.
ái limitê dê bêlôcidá.
Há limite de velocidade.

El conductor le da las gracias
êl cônductôr lê dá lás gráciás
O motorista lhe agradece

y continúa dos calles más.
i côntinuá dôs cálhês más.
e anda mais duas ruas.

Luego toma a la izquierda
luêgô tômá á lá isquiêrdá
Depois vira à esquerda

y sigue hasta el semáforo,
i siguê ástá êl sêmáfôrô,
e segue até o semáforo,

y luego toma a la derecha.
i luêgô tômá á lá dêrêtchá.
e depois vira à direita.

Pero un policía en motocicleta
pêrô un pôliciá ên môtôciclêtá
Porém, um policial em uma motocicleta

lo sigue. Lo para.
lô siguê. lô párá.
o segue. Para-o.

El policía le dice:
êl pôliciá lê dicê:
O policial lhe diz:

— ¿Por qué tanta prisa?
pôr quê tántá prissá?
Por que tanta pressa?

Muéstreme su permiso.
muêstrêmê su pêrmissô.
Mostre-me sua carteira de motorista.

A posição do complemento pronominal

Os complementos pronominais geralmente vêm antes do verbo, a não ser na forma imperativa afirmativa. Na forma negativa, o complemento segue a regra geral.

¡Hágalo! = *Faça-o!*
No lo haga. = *Não o faça.*

El señor le muestra el permiso.
êl sênhôr lê muêstrá êl pêrmissô.
O senhor lhe mostra a carteira.

Luego le dice:
luêgô lê dicê:
Depois diz:

— Déme la patente también.
dêmê lá pátêntê támbiên.
Dê-me os documentos do carro também.

El señor la da.
êl sênhôr lá dá.
O senhor os dá.

El policía escribe una citación
êl pôliciá êscribê uná citáciôn
O policial registra uma multa

y se la da al señor.
i sê lá dá ál sênhôr.
e a entrega ao senhor.

Eufonia

Embora tenhamos ensinado que le é o pronome que corresponde a "ele", você deve ter notado o uso do se em se la da, quando logicamente se deveria usar a forma le la da. Contudo, como o espanhol tem a tendência de tornar a entonação o mais harmoniosa possível, quando existirem dois pronomes iniciando com l, o primeiro é trocado por s.

Le da también el permiso
lê dá támbié*n* êl pêr*m*issô
Dá-lhe também a licença

y la patente.
i lá pátêntê.
e os documentos do carro.

— ¡Tómelos!, le dice,
   tômêlôs!, lê *d*icê,
   Tome-os, lhe diz.

Y tenga cuidado en el futuro.
i tê*n*gá cui*d*á*d*ô ê*n* êl fu*t*urô.
E tenha cuidado no futuro.

CONVERSAÇÃO: DANDO ORDENS

UNA SEÑORA:
uná sênhôrá:
UMA SENHORA:
    María, tráigame una taza de café, por favor,
    Máriá, tráigámê uná tássá dê cáfé, pôr fábôr.
    Maria, traga-me uma xícara de café, por favor.

UNA CRIADA:
uná criádá:
UMA EMPREGADA:
    Aquí tiene, señora.
    áqui tiênê, sênhôrá.
    Aqui a tem, senhora.

LA SEÑORA:
    Gracias. Oiga alguien llama
    gráciás, ôigá álguiên lhámá
    Obrigada. Ouça: alguém está batendo

    a la puerta.
    á lá puêrtá.
    à porta.

    Ábrala, por favor.
    ábrálá, pôr fábôr.
    Abra-a, por favor.

LA SEÑORA:
    ¿Quién es?
    quiên ês?
    Quem é?

LA CRIADA:
　　Es el muchacho del mercado
　　ês êl mu*tch*átchô dêl mêr*c*ádô
　　É o garoto do mercado

　　con los comestibles.
　　côn lôs cômêst*i*blês.
　　com os mantimentos.

LA SEÑORA:
　　Bien. Ponga la carne, la leche
　　biên. *p*ôngá lá *c*árnê, lá *l*êtchê
　　Bem. Ponha a carne, o leite

　　y la mantequilla en la nevera
　　i lá mántê*qu*ilhá ên lá nêbêrá
　　e a manteiga na geladeira

　　y lo demás en la
　　i lô dêm*á*s ên lá
　　e o restante na

　　despensa de la cocina.
　　dês*p*ênsá dê lá côciná.
　　despensa da cozinha.

　　¿Dónde está la factura?
　　dôndê ês*t*á lá fá*c*turá?
　　Onde está a nota fiscal?

LA CRIADA:
　　Él la tiene, señora.
　　êl lá tiênê, sênhôrá.
　　Está com ele, senhora.

LA SEÑORA:
　　Déjela en la mesa, por favor.
　　dêhêlá ên lá *m*êssá, pôr fábôr.
　　Deixe-a sobre a mesa, por favor.

Y aquí está la lista para mañana.
i áqui êstá lá listá párá mánháná.
E aqui está a lista para amanhã.

Tómela y désela al muchacho.
tômêlá i dêssêlá ál mutchátchô.
Pegue-a e dê-a ao garoto.

LA CRIADA:
En seguida, señora.
ên sêguidá, sênhôrá.
Agora mesmo, senhora.

LA SEÑORA:
Mire, María, ahora voy al salón de belleza,
mirê, Máriá, áôrá bôi ál sálôn dê bêlhêssá.
Olhe, Maria, agora vou ao salão de beleza.

En el salón de belleza

O vocabulário que se segue poderá ser útil para as senhoras que forem ao salão de beleza — al salón de belleza:

lavar e arrumar	=	lavar y peinar
muito quente	=	demasiado caliente
uma tintura	=	un tinte
mais claro	=	más claro
mais escuro	=	más obscuro
manicure	=	una manicura
uma peruca	=	una peluca

e para os homens que forem ao barbeiro — el barbero *(barbearia é* peluquería *ou* barbería*)*:

um corte de cabelo	=	un corte de pelo
não muito curto	=	no demasiado corto
fazer a barba	=	una afeitada
uma massagem	=	un masaje

LA SEÑORA:
Si alguien llama
si álguiên lhámá
Se alguém telefonar

tome el recado
tômê êl rêcádô
tome o recado

y escríbalo en este papel.
i êscríbálô ên êstê pápêl.
e escreva-o neste papel.

Mientras estoy fuera,
miêntrás êstôi fuêrá,
Enquanto estou fora,

limpie la casa y prepare la cena, por favor.
limpiê lá cássá i prêpárê lá cêná, pôr fábôr,
limpe a casa e prepare o jantar, por favor.

LA CRIADA:
¿Eso es todo, señora?
êssô ês tôdô, sênhôrá?
É só isso, senhora?

LA SEÑORA:
Una cosa más.
uná côssá más.
Uma coisa mais.

Tome estos dos vestidos
tômê êstôs dôs bêstidôs
Pegue estes dois vestidos

y llévelos a la tintorería.
i *lhê*bêlôs á lá tintôrêriá.
e leve-os à lavanderia.

LA CRIADA:
Está bien, señora.
êstá biên, sênhôra.
Está bem, senhora.

LA SEÑORA:
Ahora, ¿dónde están mis llaves?
áôrá, dôndê êstán mis lhábês?
Agora... onde estão minhas chaves?

LA CRIADA:
Allí están, en el escritorio.
álhi êstán, ên êl êscritôriô.
Estão ali, na escrivaninha.

LA SEÑORA:
Démelas, por favor.
dêmêlás, pôr fábôr.
Passe-as para mim, por favor.

Y, ¿mi anteojos? Oh, está bien.
i, mi ántêôhôs? ô, êstá biên.
E meus óculos? Ah. Está certo.

Aquí los tengo, en mi cartera.
áqui lôs têngô, ên mi cártêrá.
Estão aqui, na minha bolsa.

LA SEÑORA:
Y ahora... ¿qué? El teléfono...
i áôrá... quê? êl têlêfônô...
E agora... o quê? O telefone...

Contéstelo, por favor.
côntêstêlô, pôr fábôr.
Atenda, por favor.

¿Quién es?
quiên ês?
Quem é?

LA CRIADA:
Es mi amigo José.
ês mi ámigô hôssê.
É meu amigo José.

Me invita esta noche a un baile.
mê in*b***itá ê***s***tá *n*ôtchê á un *b***áilê.**
Está me convidando para ir a um baile hoje à noite.

LA SEÑORA:
Pero tenemos invitados esta noche.
pê**rô tênêmôs in***b***itá*d***ôs ê***s***tá *n*ôtchê.**
Mas temos convidados esta noite.

Pues, bien. Sirva la comida primero
puê*s***, biê*n*, *s*ir***b***á lá cômidá primêrô**
Pois bem. Sirva o jantar primeiro

> **Pues e así**
> Pues *e* así *são duas palavras usadas muito frequentemente no espanhol falado.* Pues *significa "bem", "então", "na verdade" ou "deixe-me ver", e pode ser usado como uma expressão de hesitação enquanto se estiver refletindo sobre uma resposta a ser dada.* Así *significa "desta forma", "portanto", "então", "assim".*

y después vaya al baile, si desea.
i dê*s***puê***s* ***b***áiá ál ***b***áilê si dê***s***êá.**
e depois vá ao baile, se desejar.

TESTE O SEU ESPANHOL

Passe estas ordens para o espanhol, utilizando-se do imperativo. Marque 5 pontos para cada resposta certa. Veja as respostas ao final do exercício.

1. Venha! _____
2. Vá! _____
3. Saia! _____
4. Tenha cuidado! _____
5. Espere! _____
6. Olhe! _____
7. Fique quieto! _____
8. Ouça-me! _____
9. Diga-me! _____
10. Mostre-me! _____
11. Traga-o! _____
12. Pegue-a! _____
13. Escreva-a! _____
14. Faça-o! _____

15. Não o faça! _____

16. Abra-a! _____

17. Dê-os para mim! _____

18. Deixe-os aí! _____

19. Feche-a! _____

20 Não a dê! _____

Respostas: 1. ¡Venga! 2. ¡Vaya! 3. ¡Salga! 4. ¡Tenga cuidado! 5. ¡Espere! 6. ¡Mire! 7. ¡Cállese! 8. ¡Escúcheme! 9. ¡Dígame! 10. ¡Muéstreme! 11. ¡Tráigalo! 12. ¡Tómela! 13. Escrívelo! 14. ¡Hágalo! 15. ¡No lo haga! 16. ¡Abrala! 17. ¡Démelos! 18. ¡Déjelo allí! 19. ¡Ciérrala! 20. ¡No se la dé!

Resultado: _____ %

passo 11 — DESEJOS E NECESSIDADES (QUERO, POSSO, PODERIA, PRECISO, GOSTARIA DE)

Mi auto no puede caminar.
Mi áutô nô puêdê cáminár.
Meu carro não anda.

¿Por qué no puede caminar?
pôr quê nô puêdê cáminár?
Por que não anda?

Porque no hay gasolina en el tanque.
pôrquê nô ái gássôliná ên êl tánquê.
Porque não há gasolina no tanque.

El motor no puede funcionar sin gasolina.
êl môtôr nô puêdê funciônár sin gássôliná.
O motor não pode funcionar sem gasolina.

Poder, deber e necesitar
Assim como em português, os verbos poder, deber *e* necesitar *podem ser utilizados sós ou em associação com outros verbos no infinitivo. Deve-se apenas ressaltar que, enquanto* deber *e* necesitar *são verbos regulares,* poder *é irregular e conjuga-se, no presente do indicativo, como se segue:*

    puedo
    puedes
    puede

podemos
podéis
pueden

Pronome objeto + infinitivo
Quando um pronome objeto é usado junto a um infinitivo, ele pode aparecer:

— *depois do infinitivo, ligado a ele:*
Posso vê-lo. — Puedo verlo.
Deve fazê-lo. — Debe hacerlo.

— *antes do verbo:*
Lo puedo ver.
Lo debe hacer.

Debemos poner gasolina en el tanque.
dêbêmôs pônêr gássôliná ên êl tánquê.
Devemos colocar gasolina no tanque.

El auto necesita gasolina.
êl áutô nêcêssitá gássôliná.
O carro precisa de gasolina.

¿Dónde podemos comprar gasolina?
dôndê pôdêmôs cômprár gássôliná?
Onde podemos comprar gasolina?

Podemos comprarla
pôdêmôs cômprárlá
Podemos comprá-la

en un puesto de gasolina.
ên un puêstô dê gássôliná.
num posto de gasolina.

En el puesto de gasolina
Quanto aos serviços prestados em postos de gasolina, observe as seguintes expressões:

Encha-o! (o tanque) = ¡Llénelo!
Verifique o óleo. = Fíjese en el aceite.
Calibre os pneus. = Vea el aire en las llantas.
Olhe a água da bateria. = Vea el agua en la batería.
Isto não está funcionando bem. = Esto no funciona bien.
Pode consertá-lo? = ¿Puede repararlo?
Este pneu precisa ser trocado. = Esta llanta debe cambiarse.
Quanto é preciso esperar? = ¿Cuánto tiempo hay que esperar?

Jorge quiere ver
hôrhê quiêrê bêr
Jorge quer ver

la corrida de toros,
lá côrridá dê tôrôs,
a corrida de touros,

pero no puede entrar en la Plaza.
pêrô nô puêdê êntrár ên lá plássá.
mas não pode entrar na arena.

¿Por qué no puede entrar?
pôr quê nô puêdê êntrár?
Por que não pode entrar?

No puede porque no tiene entrada.
nô puêdê pôrquê nô tiênê êntrádá.
Não pode porque não tem entrada.

¿Por qué no compra una entrada?
pôr quê nô cômprá uná êntrádá?
Por que não compra uma entrada?

No puede comprar una entrada
nô puêdê cômprár uná êntrádá
Não pode comprar uma entrada

porque no tiene suficiente dinero.
pôrquê nô tiênê suficiêntê dinêrô.
porque não tem dinheiro suficiente.

No se puede comprar una entrada
nô sê puêdê côm*prár* uná ên*trá*dá
Não se pode comprar uma entrada

sin dinero.
sin dinêrô.
sem dinheiro.

Si quiere ver la corrida
si quiêrê bêr lá côrridá
Se quer ver a corrida,

> **Querer**
> Querer é um verbo irregular. Sua conjugação no presente do indicativo é: quiero, quieres, quiere, queremos, queréis, quieren.

debe comprar una.
***dé*bê côm*prár* uná.**
deve comprar uma.

Pero aquí hay un amigo suyo.
pêrô *á*qui *á*i un *á*migô suiô.
Mas aqui está um amigo seu.

"Oiga", le dice, "¿puede prestarme unos pesos
"ôigá", lê *di*cê, "puêdê prês*tár*mê unôs pêssôs
"Escute", lhe diz, "você pode me emprestar alguns pesos

para ir ver la corrida?"
***pá*rá ir bêr lá côrridá?"**
para ir ver a corrida?"

"Talvez. ¿Cuándo puede devolvérmelos?"
"tál*bês*s. cuándô puêdê dêbôl*bér*mêlôs?"
"Talvez. Quando pode devolvê-los?"

Pronomes com o infinitivo
Devolvérmelos apresenta os pronomes me *("a mim") e* los *("eles") unidos ao infinitivo do verbo* devolver*. Esta construção também poderia ser expressa por ¿*Cuándo me los puede devolver? *Só não se deve colocar o pronome entre as duas formas verbais.*

"Mañana, sin falta."
"mánháná, sin fáltá."
"Amanhã, sem falta."

Dos muchachas tienen una llanta pinchada.
dôs mutchátchás tiênên uná lhántá pintchádá.
O carro de duas garotas está com o pneu furado.

No pueden cambiarla ellas mismas
nô puêdên cámbiárlá êlhás mismás
Elas não conseguem trocá-lo sozinhas

porque les falta un gato.
pôrquê lês fáltá un gátô.
porque não têm um macaco.

Faltar
No espanhol é comum a construção com o verbo faltar *e objeto indireto para indicar carência, necessidade. No português, embora exista a construção correspondente, em geral são usadas outras expressões equivalentes.*

    Les falta dinero. = *Estão sem dinheiro.*
                          Eles não têm dinheiro.

    Me falta una toalla. = *Não tenho toalha.*
                            Preciso de uma toalha.

Allí viene un joven
álhi viênê un hôbên
Aí vem um jovem

en un carro desportivo.
ên un *cárrô* dêspôr*tí*bô.
em um carro esporte.

    Les dice: "¿Puedo ayudarlas?"
    lês *dic*ê: "puêdô áiu*dár*lás?"
    Diz a elas: "Posso ajudá-las?"

    "¿Cómo no?
    "*cô*mô nô?
    "Lógico.

    ¿Puede prestarnos su gato?"
    puêdê prês*tár*nôs su *gá*tô?"
    Pode nos emprestar seu macaco?"

    "Puedo hacer aún más", dice él.
    "puêdô ácêr áun más", *dic*ê êl.
    "Posso fazer até mais", diz ele.

    "Puedo cambiar la rueda yo mismo."
    "puêdô *cám*biár lá ruêdá djô *mis*mô."
    "Posso trocar a roda eu mesmo."

CONVERSAÇÃO: UM PROGRAMA DE TELEVISÃO

RAÚL:
rául:
RAUL:
   ¡Qué lástima!
   quê lástimá!
   Que pena!

> **¡Qué!** *usado em exclamações*
> *Damos aqui uma lista de exclamações que usam a palavra* ¡Qué!
>
>   ¡Qué pena! = *Que pena!*
>   ¡Qué chistoso! = *Que engraçado!*
>   ¡Qué raro! = *Que extraordinário!*
>   ¡Qué bien! = *Que bom!*
>   ¡Qué interesante! = *Que interessante!*
>   ¡Qué amable! = *Que amável!*
>   ¡Qué sabroso! = *Que saboroso!*
>   ¡Qué barbaridad! = *Que horrível!*
>   ¡Qué bonito! = *Que bonito!*

Van a dar un buen programa
bán á dár un buên prôgrámá
Vão passar um bom programa

esta noche en la televisión,
êstá nôtchê ên lá têlêbissiôn,
esta noite na televisão,

pero no puedo verlo.
pêrô nô puêdô bêrlô.
mas não posso vê-lo.

JOSÉ:
hôssê:
JOSÉ:
¿Por qué no?
pôr quê nô?
Por que não?

RAÚL:
Porque mi televisión está rota.
pôrquê mi têlêbissiôn êstá rôtá.
Porque minha televisão está quebrada.

Debo llamar al servicio de televisión
dêbô lhámár ál sêrbiciô dê têlêbissiôn
Preciso chamar o técnico de televisão

para repararla.
párá rêpárárlá.
para consertá-la.

JOSÉ:
Mire, si quiere ver el programa
mirê, si quiêrê bêr êl prôgrámá
Olhe, se você quer ver o programa,

venga a mi casa.
bêngá á mi cássá.
venha à minha casa.

Puede verlo allá.
puêdê bêrlô álhá.
Pode vê-lo lá.

RAÚL:
Es Ud. muy amable.
ês ustê mui ámáblê.
Você é muito amável.

Usted *entre amigos*
Como já dissemos, na América espanhola é frequente usar o tratamento Ud. mesmo entre amigos. Por outro lado, o grau de informalidade permitido entre as pessoas também é uma questão cultural. Muitas vezes duas pessoas se tratam pelo primeiro nome, sem a anteposição de "sr." ou "sra.", e usam o tratamento Ud. — que então, em português, traduz-se por "você".

Pero no quiero molestarlo.
pêrô nô quiêrô môlêstárlô.
Mas não quero incomodá-lo.

JOSÉ:
¡Hombre! No es molestia.
ômbrê! nô ês môlêstiá.
Ora! Não é incômodo.

Si es un buen programa
si ês un buên prôgrámá
Se é um bom programa,

yo quiero verlo también.
djô quiêrô bêrlô támbiên.
quero vê-lo também.

Podemos verlo juntos.
pôdêmôs bêrlô huntôs.
Podemos vê-lo juntos.

¿Qué programa es?
quê prôgrámá ês?
Que programa é?

RAÚL:
Es un programa de bailes flamencos.
ês un prôgrámá dê báilês flámêncôs.
É um programa de bailes flamengos.

Directo de Granada.
dirêctô dê gránádá.
Diretamente de Granada.

JOSÉ:
¿Verdad? Quiero ver eso.
bêrdá? quiêrô bêr êssô.
Verdade? Quero ver isso.

¿A qué hora empieza?
á quê ôrá êmpiêssá?
A que horas começa?

RAÚL:
A las diez en punto.
á lás diêss ên puntô.
Às dez em ponto.

JOSÉ:
Entonces tenemos tiempo
êntôncês tênêmôs tiêmpô
Então temos tempo

para comer primero.
párá cômêr primêrô.
para comer primeiro.

¿No quiere comer conmigo?
nô quiêrê cômêr cônmigô?
Não quer comer comigo?

RAÚL:
¡Magnífico! Pero yo quiero invitarle a Ud.
mágnificô! pêrô djô quiêrô inbitárlê á ustê.
Magnífico! Mas quero convidá-lo.

JOSÉ:
¡Hombre! Eso no puede ser.
ômbrê! êssô nô puêdê sêr.
Ora! Assim não pode ser.

Ud. tiene que ser mi invitado.
ustê tiênê quê sêr mi inbi*tá*dô.
Você tem que ser meu convidado.

Podemos comer en un pequeño restaurante
pôdêmôs cômêr ên un pêquênhô rêstáu*rán*tê
Podemos comer em um pequeno restaurante

que conozco.
quê cô*nôs*cô.
que conheço.

Está cerca de mi departamento.
ês*tá* cêrcá dê mi dêpártámêntô.
Fica perto do meu apartamento.

Vamos. Debemos comer rapidamente
***bá*môs, dêbêmôs cômêr rápidámêntê**
Vamos. Precisamos comer depressa

si no queremos perder el programa.
si nô quêrêmôs pêr*dêr* êl prô*grá*má.
se não queremos perder o programa.

TESTE O SEU ESPANHOL

Relacione estas exclamações e frases a seus respectivos significados. Marque 5 pontos para cada resposta correta. Veja as respostas ao final do exercício.

1. ¡Qué lástima! __ Que bonito!

2. ¡Qué pena! __ Que engraçado!

3. ¡Qué chistoso! __ Que pena!

4. ¡Qué raro! __ Que horrível!

5. ¡Qué bien! __ Que interessante!

6. ¡Qué bonito! __ Que bom!

7. ¡Qué interesante! __ Que ótimo!

8. ¡Qué barbaridad! __ Que vida!

9. ¡Qué bueno! __ Que vergonha!

10. ¡Qué vida! __ Que extraordinário!

11. ¿Debe ir? __ Você pode devolvê-lo para mim?

12. Debo trabajar. __ Eles não podem vir.

13. Necesitamos dinero. __ Preciso trabalhar.

14. ¿Puede prestármelo? __ Você pode emprestá-lo para mim?

15. ¿Por qué no? ___ Precisamos de dinheiro.

16. ¡Óigame! ___ Quero ver isso.

17. No pueden venir. ___ Preciso chamá-la.

18. Debo llamarla. ___ Ouça-me.

19. Quiero verlo. ___ Você precisa ir?

20. ¿Puede devolvérmelo? ___ Por que não?

Respostas: 6, 3, 1, 8, 7, 9, 5, 10, 2, 4, 20, 17, 12, 14, 13, 19, 18, 16, 11, 15.

Resultado: _____ %

passo 12 USO DOS VERBOS REFLEXIVOS

El señor Herrera se levanta temprano.
êl sênhôr êrrêrá sé lêbántá têmpránô.
O sr. Herrera se levanta cedo.

Se lava, se afeita,
sê lábá, sê áfêitá,
Se lava, faz a barba,

se cepilla los dientes,
sê cêpilhá lôs diêntês,
escova os dentes,

se peina.
sê pêiná.
Se penteia.

Entonces se viste.
êntôncês sê bistê.
Então se veste.

> *Verbos reflexivos*
> *Este passo lida principalmente com os verbos reflexivos. Dizer que um verbo é reflexivo significa dizer que a ação do sujeito se reflete sobre ele mesmo, como em vestir-se, molhar-se, despir-se, cortar-se etc. Assemelham-se muito ao português. Segue um exemplo: o verbo* levantarse *conjugado no presente do indicativo.*
>
> (yo) me levanto
> (tu) te levantas
> (él, ella, Ud.) se levanta

(nosotros) nos levantamos
(vosotros) os levantais
(ellos, ellas, Uds.) se levantan

Verbos pronominais
São aqueles conjugados com o pronome oblíquo (me, te, se, nos, os, se) da própria pessoa conjugada. Nem todos os verbos pronominais são reflexivos, mas todos os reflexivos são pronominais.

Un poco más tarde sus hijos se levantan.
un *pôcô* más *tárdê* sus *íhôs* sê *lêbántán*.
Um pouco depois seus filhos se levantam.

Se lavan, se peinan y se visten.
sê *lábán*, sê *pêinán* i sê *bistên*.
Se lavam, se penteiam e se vestem.

Entonces todos se sientan a la mesa
ên*tôncês tôdôs* sê si*êntán* á lá *mê*ssá
Então todos se sentam à mesa

para desayunarse.
***pá*rá dêssáiu*nársê*.**
para tomar o café da manhã.

Uma questão de ênfase
Há verbos que não são essencialmente pronominais, mas que adquirem maior ênfase se conjugados com o pronome reflexivo. Alguns desses casos são semelhantes ao português.

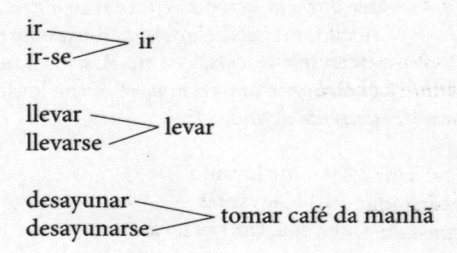

ir
ir-se → ir

llevar
llevarse → levar

desayunar
desayunarse → tomar café da manhã

138

Se desayunan con jugo de naranja,
sê dêssáiunán côn *hugô* dê ná*rán*-há,
Tomam no café da manhã suco de laranja,

panecillos y café con leche.
páné*cí*lhôs i *cá*fê côn *lê*tchê.
pãezinhos e café com leite.

El señor Herrera se pone la chaqueta
êl sênhôr êrrêrá sê *pô*nê lá tchá*quê*tá
O sr. Herrera coloca a jaqueta

y el sombrero
i êl sôm*brê*rô
e o chapéu

y se va a la oficina.
i sê bá á lá ôfi*ci*ná.
e vai ao escritório.

Los niños se ponen las gorras,
lôs *ni*nhôs sê *pô*nên lás *gô*rrás,
As crianças colocam seus gorros,

toman sus maletines
tômán sus má*lê*tinês
pegam suas mochilas

y se van a la escuela.
i sê bán á lá êscuêlá.
e vão para a escola.

Ahora la señora Herrera
áôrá lá sênhôrá êrrêrá
Agora a sra. Herrera

se siente cansada.
sê siêntê cánsádá.
sente-se cansada.

Se acuesta otra vez para descansar
sê ácuêstá ôtrá bês *párá* dêscán*sár*
Volta novamente para a cama a fim de descansar

y pronto se duerme.
i *prôntô* sê duêrmê.
e logo adormece.

En España y en latinoamérica
ên ês*pánhá* i ên **látinôámêricá**
Na Espanha e na América Latina

se almuerza más tarde
sê álmuêrsá más *tárdê*
se almoça mais tarde

que en Brasil y en los Estados Unidos,
quê ên brás*sil* i ên lôs êstá*dôs* u*ni*dôs,
que no Brasil e nos Estados Unidos,

usualmente a las dos y pico
ussuál*mêntê* á lás dôs i *picô*
geralmente às duas e pouco

o más tarde aún.
ô más *tárdê* áun.
ou mais tarde ainda.

Después del almuerzo muchas personas
dêspuês dêl álmuêrsô *mu*tchás pêrsônás
Depois do almoço muitas pessoas

se acuestan y descansan.
sê ácuêstán i dêscánsán.
deitam-se para descansar.

Esto se llama siesta.
êstô sê *lhá*má siêstá.
A isto se chama sesta.

Después de la siesta vuelven a trabajar.
dêspués dê lá siêstá buê*l*bên á trábájár.
Depois da sesta voltam a trabalhar.

Las oficinas y tiendas
lás ôfi*c*inás i tiêndás
Os escritórios e lojas

están abiertas después de las cinco —
êstán ábiêrtás dêspués dê lás *c*incô —
estão abertos depois da cinco —

hasta las siete u ocho.
ástá las siêtê u ôtchô.
até as sete ou oito.

Entonces la gente vuelve a casa para cenar
êntôncês lá *h*êntê buê*l*bê á *c*ássá párá cênár
Então as pessoas voltam para casa para jantar

o va a los restaurantes.
ô bá á lôs rêstáurántês.
ou vão aos restaurantes.

— Señor Martín, ¿dónde piensa Ud.
sênhôr már*t*in, dôndê piênsá ustê
Sr. Martín, onde pensa

que es mejor vivir,
quê ês mê*h*ôr bi*b*ir,
que é melhor viver,

en los Estados Unidos
ên lôs êstádôs unidôs
nos Estados Unidos

o en los países latinos?
ô ên lôs páissês lá*t*inôs?
ou nos países latinos?

141

— Pienso que es mejor vivir en España
piênsô quê ês mêhôr bi*bir* **ênêspánhá**
Acho que é melhor viver na Espanha

o en Latinoamérica,
ô ên látinôámêricá.
ou na América Latina.

> **As nacionalidades do mundo
> espanhol e latino-americano**
> *Note os diferentes substantivos e adjetivos empregados para referir-se aos diversos países da América espanhola:*
>
> Latinoamérica — latinoamericano
> Sud América — sudamericano
> Sur América — suramericano
> Hispanoamérica — hispanoamericano
> Centroamérica — centroamericano
>
> *Como o espanhol é a língua oficial de uma grande quantidade de países, é interessante aprender os adjetivos correspondentes a algumas nacionalidades desses países:*
>
> Argentina — argentino
> Bolivia — boliviano
> Chile — chileno
> Colombia — colombiano
> Costa Rica — costarricense
> Cuba — cubano
> Ecuador — ecuatoriano
> El Salvador — salvadoreño
> España — español
> Guatemala — guatemalteco
> Honduras — hondureño
> México — mexicano
> Panamá — panameño
> Paraguay — paraguayo
> Perú — peruano
> Puerto Rico — puertorriqueño

República Dominicana — dominicano
Salvador — salvadoreño
Uruguay — uruguayo
Venezuela — venezuelano

— ¿Por qué?
  pôr quê?
  Por quê?

— Porque allí se duerme la siesta
  pôr*què* *álhi* sê duê*rmê* lá siê*stá*
  Porque ali se dorme a sesta

  y hay más tiempo para descansar.
  i *ái* más tiê*mpô* *pá*rá dês*cánsár*.
  e há mais tempo para descansar.

CONVERSAÇÃO: INDO A UMA REUNIÃO DE NEGÓCIOS

— ¡Apúrese! Vamos a llegar tarde a la reunión.
á*pur***êssê! *b**ámôs á lhê*gár *tárdê á lá rêuniô*n**.
Se apresse! Vamos nos atrasar para a reunião.

— ¡Cálmese! Tenemos tiempo todavia.
***cál*mêssê! tênêmôs tiêmpô tôd*ábiá*.**
Acalme-se! Ainda temos tempo.

> **O imperativo negativo e o afirmativo**
> *Quando um verbo reflexivo é usado no imperativo afirmativo, o pronome reflexivo vem depois do verbo e é ligado a ele. Quando o imperativo é negativo, o pronome reflexivo vem antes do verbo e separado dele:*
>
> *Apresse-se! = ¡Apúrese!*
> *Não se apresse! = ¡No se apure!*
>
> *Note que, quando usamos o pronome ligado ao verbo, muitas vezes a palavra que antes não levava acento gráfico passa a levá-lo, pois passa a ser proparoxítona, e toda proparoxítona em espanhol (assim como em português) é acentuada graficamente.*

— Vamos a ver. ¿Qué más necesitamos?
bámôs á bêr. quê más nêcêssitámôs?
Vamos ver. De que mais necessitamos?

— No se olvide de llevarse los informes.
nô sê ôl*bi*dê dê lhê*bár*sê lôs in*fôr*mês.
Não se esqueça de levar os relatórios.

Y debemos llevarnos también
i dêbêmôs lêbárnôs támbiên
E devemos levar também

la correspondencia sobre el contrato.
lá côrrêspôndênciá sôbrê êl côntrátô.
a correspondência sobre o contrato.

— ¡Ya! Todo está listo.
djá! tôdô êstá listô.
Certo! Já está tudo pronto.

> **¡Ya!**
> *Observe essa interjeição. Ela tem o sentido de "Tudo bem!", "Certo!", "Pronto!" etc.*

¿Quién va a buscar el automóvil?
quiên bá á buscár êl áutômôbil?
Quem vai pegar o carro?

— Yo voy. Quédese aquí.
djô bôi. quêdêssê áqui.
Eu vou. Fique aqui.

No se vaya. Vuelvo en seguida.
nô sê báiá. buélbô ên sêguidá.
Não se vá. Volto logo.

> **Presente com sentido de futuro**
> *Observe o emprego de* vuelvo, *no presente, com sentido de futuro — voltarei —, aliás, emprego possível também no português.*

— ¡Espérese! Lo más importante de todo —
êspêrêssê! lô más impôrtántê dê tôdô —
Espere! O mais importante de tudo —

el contrato. ¿Dónde está?
êl côntrátô, dôndê êstá?
o contrato. Onde está?

Lo com adjetivos
O artigo neutro lo se antepõe ao adjetivo para convertê-lo em substantivo abstrato. Veja alguns exemplos:

> lo importante = *o importante*
> lo chistoso = *o engraçado*
> lo raro = *o extraordinário*
> lo más chistoso = *o mais engraçado*
> lo más raro = *o mais extraordinário*
> lo más raro del caso = *o mais extraordinário deste caso*

— ¡Hombre! No se preocupe.
ômbrê! nô sê prêôcupê.
Ora! Não se preocupe.

Aquí lo tengo.
áqui lô têngô.
Está comigo.

Cálmese y, sobre todo,
cálmêssê i, sôbrê tôdo,
Acalme-se e, sobretudo,

no se ponga nervioso en la reunión.
nô sê pôngá nêrbiôssô ên lá rêunión.
não fique nervoso durante a reunião.

TESTE O SEU ESPANHOL

Passe estas sentenças para o espanhol usando os verbos reflexivos. Marque 10 pontos para cada resposta correta. Veja as respostas abaixo.

1. Ele se levanta. _____

2. Ele se lava. _____

3. Ele faz a barba. _____

4. Eles se vestem. _____

5. Eles se sentam. _____

6. Ele coloca o chapéu. _____

7. Eu tomo café da manhã. _____

8. Ela se deita. _____

9. Não esqueça. _____

10. Não se preocupe. _____

Respostas: 1. Se levanta. 2. Se lava. 3. Se afeita. 4. Se visten. 5. Se sientan. 6. Se pone el sombrero. 7. Me desayuno. 8. Se acuesta. 9. No se olvide. 10. No se preocupe.

Resultado: _____ %

passo 13 PREFERÊNCIAS E OPINIÕES

Es un día de verano en la playa.
ês un *diá* dê bêránô ên lá *pláiá*.
É um dia de verão na praia.

El cielo es azul claro
êl ciêlô ês *ássul clárô*
O céu está azul-claro

con nubes blancas.
côn *nubês bláncás*.
com nuvens brancas.

El mar es azul oscuro.
êl már ês *ássul ôscurô*.
O mar está azul-escuro.

Tres muchachas están sentadas en la playa.
três mut*chátchás* ês*tán* sên*tádás* ên lá *pláiá*.
Três garotas estão sentadas na praia.

No quieren nadar.
nô quiêrên *nádár*.
Não querem nadar.

El agua está fría
êl *águá* ês*tá friá*
A água está fria

> ***Uma questão de eufonia***
> *Embora* agua *seja uma palavra feminina e devesse estar*

precedida pelo artigo feminino singular la, *o artigo que a precede é* el, *para evitar o encontro de dois* a.

el agua = *a água*   las águas = *as águas*

pero el sol está caliente.
pêrô êl sól êstá cáliêntê.
mas o sol está quente.

Les gusta tomar el sol.
lês gustá tômár êl sôl.
Elas gostam de tomar sol.

Gustar

Gustar *é um verbo usado juntamente com o complemento pronominal indireto. É utilizado de maneira inversa à do português. O verbo não concorda com a pessoa que gosta, mas com aquilo que é apreciado. Temos assim:*

me gusta — me gustan
te gusta — te gustan
le gusta — le gustan
nos gusta — nos gustan
os gusta — os gustan
les gusta — les gustan

Me gusta la ciudad de Buenos Aires.
Gosto da cidade de Buenos Aires.

A Juan le gustan las manzanas.
João gosta de maçãs.

¿Cuál te gusta más?
De qual você gosta mais?
Qual você prefere?

Una de ellas tiene
uná dê êlhás tiênê
Uma delas tem

un traje de baño rojo y blanco.
un tráhê dê bánhô rôhô i bláncô.
um maiô vermelho e branco.

149

El traje de la otra es verde.
êl *tráhê* dê lá ôtrá ês bêrdê.
O maiô da outra é verde.

La tercera lleva un bikini negro.
lá têrcêrá *lhêbá* un biquini nêgrô.
A terceira está com um biquíni preto.

Delante de las muchachas
dêlántê dê lás mu*tchá*tchás
Diante das garotas

unos jóvenes están tocando guitarra
unôs jôbênês êstán tôcándô guitárrá
alguns jovens estão tocando violão

y cantando canciones.
i cántándô cánciônês.
e cantando canções.

Las chicas están escuchando la música.
lás *tchi*cás êstán êscu*tchá*ndô lá mussicá.
As meninas estão escutando música.

A ellas les gusta oír la música.
á êlhás lês *gustá* ôir lá mussicá.
Elas gostam de ouvir música.

A los muchachos les gusta tocar.
á lôs mu*tchá*tchôs lês *gustá* tôcár.
Os garotos gostam de tocar.

La muchacha rubia le dice
lá mu*tchá*tchá rubiá lê dicê
A garota loira diz

a la trigueña:
á lá triguênhá:
à *morena:*

Objeto indireto duplo
Le dice significa "diz-lhe" e a la trigueña significa "a morena". Dessa forma, a oração apresenta dois objetos indiretos, o que é frequente em espanhol.

— Qué bien canta, ¿verdad?
quê biên cántá, bêrdá?
Como canta bem, não é verdade?

— Es cierto, responde ella.
ês ciêrtô, rêspôndê êlhá.
Com certeza, responde ela.

— Todos cantan bien,
tôdôs cántán biên,
Todos cantam bem,

pero el de la izquierda canta mejor que los otros.
pêrô êl dê lá isquiêrdá cántá mêhôr quê lôs ôtrôs.
mas o da esquerda canta melhor que os demais.

— Se equivoca, dice la rubia.
sê êquibôcá, dicê lá rubiá.
Engano seu, diz a loira.

El que está a la derecha canta el mejor de todos.
êl quê êstá á lá dêrêtchá cántá êl mêhôr dê tôdôs.
O que está à direita canta melhor do que todos.

Después de un rato los chicos dejan de cantar.
dêspuês dê un rátô lôs tchicôs dêhán dê cántár.
Depois de uns instantes os garotos deixam de cantar.

Uno dice al otro:
unô dicê ál ôtrô:
Um diz ao outro:

— Son bonitas essas chicas, ¿no?
sôn bônitás êssás tchicás, nô?
São bonitas essas garotas, não?

151

— A mi me gusta más la trigueña.
á mi mê gustá más lá triguênhá.
Eu gosto mais da morena.

— ¡Qué va!, dice el otro,
quê bá!, dicê êl ótrô,
Não diga isso!, diz o outro,

la rubia es más bonita que ella.
lá rubiá ês más bônitá quê êlhá.
a loira é mais bonita que ela.

El tercero dice: — Mentira, la pelirroja
êl têrcêrô dicê: — mêntirá, lá pêlirrôhá
O terceiro diz: — Mentira, a ruiva

es la más bonita de todas.
ês lá más bônitá dê tôdás.
é a mais bonita de todas.

Graus dos adjetivos e dos advérbios
Em espanhol, o adjetivo e o advérbio têm três graus, que se expressam da mesma maneira:
  positivo — fuerte = *forte*
  despacio = *devagar*

comparativo
— *de igualdade* — tan fuerte como, tan despacio como
— *de superioridade* — más fuerte que
  más despacio que
— *de inferioridade* — menos fuerte que
  menos despacio que

superlativo
— *relativo* — el más fuerte *(de)*, el menos fuerte *(de)*
  el más despacio *(de)* el menos despacio *(de)*
— *absoluto* — muy fuerte, fortíssimo muy despacio

Com a prática, você vai aos poucos conhecer adjetivos e advérbios que formam o comparativo e o superlativo de maneira irregular, como em português.

	comp.	sup. rel.	sup. abs.
bueno	mejor	el mejor	óptimo
malo	peor	el peor	pésimo
bien	mejor	el mejor	muy bien

CONVERSAÇÃO: FAZENDO COMPRAS

UNA SEÑORA:
uná sê*nh*ôrá:
UMA SENHORA:
    Tenemos que comprar algunos regalos
    tênêmôs quê côm*pr*ár álgunôs rêgálôs
    Temos que comprar alguns presentes

    para los amigos y la familia.
    ***p**árá lôs **á**migôs i lá **f**ám**i**liá.*
    para os amigos e para a família.

    Aquí hay una tienda buena, ¿entramos?
    á*qui* ái uná tiêndá buêná, êntrámôs?
    Aqui há uma boa loja, vamos entrar?

UNA EMPLEADA:
uná êmplêádá:
UMA BALCONISTA:
    ¿Ud. desea, señora?
    ustê dêssêá, sênhôrá?
    O que a senhora deseja?

LA SEÑORA:
    Por favor, muéstrenos
    pôr fábôr, muêstrênôs
    Por favor, mostre-nos

    algunos pañuelos de seda.
    álgunôs pánhuêlôs dê sêdá.
    alguns lenços de seda.

LA EMPLEADA:
Aquí tiene dos, señora:
áqui tiênê dôs, sênhôrá:
Aqui temos dois, senhora:

verde y azul
bêrdê i ássul
verde e azul

o negro y blanco.
ô nêgrô i bláncô.
ou preto e branco.

¿Le gustan?
lê gustán?
Gosta deles?

LA SEÑORA:
Me gusta éste.
mê gustá êstê.
Gosto deste.

Los colores son más alegres,
lôs côlôrês sôn más álêgrês,
As cores são mais alegres,

y el diseño es más bonito.
i êl dissênhô ês más bônitô.
e o desenho é mais bonito.

¿Cuánto cuesta?
cuántô cuêstá?
Quanto custa?

LA EMPLEADA:
Doscientos diez pesos, señora.
dôciêntôs diêss pêssôs, sênhôrá.
Duzentos e dez pesos, senhora.

LA SEÑORA:
    ¡Caramba! Es un poco caro.
    cárámba! ês un *pôcô* cárô.
    Caramba! É um pouco caro.

    ¿Tiene algo un poco más económico?
    tiênê *álgô* un *pôcô* más êcô*nô*micô?
    Tens algo um pouco mais barato?

LA EMPLEADA:
    Sí, señora. Pero no es de seda pura.
    si, sênhôrá. *pêrô* nô ês dê sêdá purá.
    Sim, senhora. Mas não é de seda pura.

    ¿Cómo encuentra estos?
    cômô êncuêntrá êstôs?
    O que acha destes?

    Vienen en amarillo, rosa,
    biênên ên ámárilhô, *rô*ssá,
    Temos em amarelo, rosa,

    violeta y otros colores.
    viôlêtá i ôtrôs côlôrês.
    violeta e outras cores.

    Además, son menos caros.
    ádêmás, sôn *mê*nôs cárôs.
    Além do mais, são menos caros.

    Setenta y cinco pesos.
    sêtêntá i cincô pêssôs.
    Setenta e cinco pesos.

LA SEÑORA:
    No son tan bonitos como los otros.
    nô sôn tán bônitôs *cômô* lôs ôtrôs.
    Não são tão bonitos como os outros.

Sin embargo, vamos a comprar
sin êm*bár*gô, *bá*môs á cô*m*prár
Contudo, vamos comprar

éste de color violeta
êstê dê côlôr biôlêtá
este violeta

para tía Isabel.
***pá*rá *ti*a is*sá*bêl.**
para a tia Isabel.

EL MARIDO DE LA SEÑORA:
êl *má*ridô dê lá sênhôrá:
O MARIDO DA SENHORA:

De acuerdo. Y ahora
dê ácuêrdô, i áôrá
De acordo. E agora

¿que compramos para mamá?
quê côm*prá*môs *pá*rá *má*má?
o que compraremos para mamãe?

LA EMPLEADA:
Mire este bonito collar, señor.
mirê êstê bônitô côlár, sênhôr.
Olhe este bonito colar, senhor.

Cuesta solo trescientos treinta pesos.
cuêstá sôlô trêsciêntôs trêintá pêssôs.
Custa somente trezentos e trinta pesos.

Es muy hermoso, ¿no le parece?
ês mui êrmôssô, nô lê párêcê?
É muito bonito, não acha?

EL MARIDO:
Sí, es verdad.
si, ês bêr*dá*.
Sim, é verdade.

LA SEÑORA:
 ¿Lo compramos, querido?
 lô côm*prá*môs, quê*ri*dô?
 Vamos comprá-lo, querido?

EL MARIDO:
 Sí, ¿por qué no? Lo tomamos.
 si, pôr quê nô? lô tô*má*môs.
 Sim, por que não? Vamos levá-lo.

Y ahora quisiera comprar
i á*ô***rá quissiêrá côm*prár***
E agora gostaria de comprar

> ### Quiero e quisiera
> Quisiera *(gostaria)* é uma forma especial de "querer" — o imperfeito do subjuntivo. Este tempo verbal será estudado em um passo posterior, mas é interessante aprender este verbo agora, uma vez que ele é muito utilizado na língua espanhola. Tanto em espanhol como em português é mais educado dizer "eu gostaria disto" do que "eu quero isto".
>
> O que o senhor quer? — ¿Qué quiere?
> Do que o senhor gostaria — ¿Qué quisiera?
>
> *Se colocarmos um Ud. ao final da frase, esta se tornará ainda mais polida.*

algo para mi secretaria.
***ál*gô *pá*rá mi sêcrê*tá*riá.**
algo para minha secretária.

Aquellos aretes grandes —
á*quê*lhôs á*rê*tês *grán*dês —
Aqueles brincos grandes —

¿quiere mostrármelos?
quiê*rê* môs*trár*mêlôs?
poderia mostrá-los?

158

LA EMPLEADA:
   Ciertamente, señor.
   ciêrtámêntê, sênhôr.
   Certamente, senhor.

   Son de oro,
   sôn dê ôrô,
   São de ouro,

   y son muy bonitos.
   i sôn mui bônitôs.
   e são muito bonitos.

LA SEÑORA:
   Alfredo, ¡por Dios!
   álfrêdô, pôr diôs!
   Alfredo, pelo amor de Deus!

   No podemos gastar tanto dinero
   nô pôdêmôs gástár tántô dinêrô
   Não podemos gastar tanto dinheiro

   en regalos.
   ên rêgálôs.
   em presentes.

   En todo caso,
   ên tôdô cássô,
   De qualquer forma,

   esos aretes no se pueden llevar
   êssôs árêtês nô sê puêdên lhêbár
   não se podem usar esses brincos

   en la oficina.
   ên lá ôficiná.
   no escritório.

¿Por qué no comprar
pôr quê nô côm*prár*
Por que não comprar

aquel prendedor de plata
áquêl* prêndêdôr* dê *plátá*
aquele prendedor de prata

en forma de paloma?
ên *fôrmá* dê *pálômá*?
em forma de pombo?

Es un bonito recuerdo —
ês un bô*ni*tô rêcuêrdô —
É uma bonita lembrança —

y práctico.
i *prácticô*.
e prática.

EL MARIDO:
Pues, bien.
puês, biên.
Pois bem.

Tomo el prendedor.
***tômô* êl prên*dê*dôr.**
Vou levar o prendedor.

LA EMPLEADA:
Señora, ¿no quiere Ud. ver los aretes?
sênhôrá, nô quiêrê ustê bêr lôs árêtês?
Senhora, não quer ver os brincos?

Son lindos, ¿no?
sôn *lindôs*, nô?
São lindos, não?

LA SEÑORA:
Sí, ¡son exquisitos!
si, sôn êcsquis*sitôs*!
Sim, são belíssimos!

Pero supongo que sean muy caros.
***pê*rô su*pôngô* quê *séán muí cá*rôs.**
Mas suponho que sejam muito caros.

LA EMPLEADA:
Bastante, pero son de los mejores.
bás*tántê, pê*rô sôn dê lôs mê*hô*rês.
Bastante. Mas é o que há de melhor.

Valen doscientos cuarenta pesos.
***bá*lên dôciêntôs cuá*rên*tá *pê*ssôs.**
Valem duzentos e quarenta pesos.

EL MARIDO:
No importa.
nô im*pôr*tá.
Não importa.

Los compro para mi mujer.
lôs *cômprô pá*rá mi mu*hêr*.
Compro-os para minha mulher.

LA SEÑORA:
¡Ay! ¡Qué amable!
***ái*! quê *ámáblê*!**
Ah, que amável!

Un millón de gracias, querido mío.
un mi*lhôn* dê *grá*ciás, quê*ridô* miô.
Mil obrigados, meu querido.

O possessivo após o substantivo
Quando o possessivo é utilizado após o substantivo, como neste caso, o mi *se transforma em* mío, *da mesma forma que* su *se transforma em* suyo. *Embora seu significado não se altere, o possessivo assim colocado expressa maior intensidade afetiva.*

TESTE O SEU ESPANHOL

Preencha as lacunas com as formas verbais corretas. Marque 10 pontos para cada resposta certa. Veja as respostas no final.

1. Vamos entrar?

    ¿ _____ ?

2. O que a senhora deseja?

    ¿Ud. _____ , señora?

3. Gosta deles?

    ¿Le _____ ?

4. Gosto deste.

    Me _____ éste.

5. Devemos comprá-lo?

    ¿Lo _____ ?

6. Nós o levaremos.

    Lo _____ .

7. Poderia mostrá-los para mim?

    ¿Quiere _____ ?

8. Qual você prefere?

    ¿Cuál le _____ más?

9. O que a senhora deseja?

   ¿Qué _____?

10. O que o senhor gostaria de comprar?

    ¿Qué _____ comprar?

Respostas: 1. Entramos? 2. desea 3. gustan 4. gusta 5. compramos 6. tomamos 7. mostrármelos 8. gusta 9. quiere 10. quisiera.

Resultado: _____ %

passo 14 — COMPRAS NO MERCADO E NOMES DE ALIMENTOS

Una señora va al mercado.
uná sênhôrá bá ál mêrcádô.
Uma senhora vai ao mercado.

Va primero a la carnicería.
bá primêrô á lá cárnicêriá.
Vai primeiro ao açougue.

Ella le pregunta al carnicero:
êlhá lê prêguntá ál cárnicêrô:
Ela pergunta ao açougueiro:

Algumas profissões terminadas em -ero

cartero — *carteiro*
verdulero — *verdureiro*
cochero — *cocheiro*
tendero — *lojista*
carnicero — *açougueiro*
panadero — *padeiro*
ranchero — *agricultor*
zapatero — *sapateiro*
camarero — *garçom*
marinero — *marinheiro*

"¿Cuánto vale esta carne por kilo?"
"Cuántô bálê êstá cárnê pôr quilô?"
"Quanto custa o quilo desta carne?"

Compra filete de bistek,
cômprá filêtê dê bistêc,
Compra bife,

165

un pollo, cerdo, jamón,
un *pôlhô*, *cêrdô*, *hámôn*,
frango, carne de porco, presunto,

y chuletas de cordero.
i *tchulêtás* dê *côrdêrô*.
e chuletas de cordeiro.

Después va a la verdulería.
dêspuês bá á lá bêrdulêriá.
Depois vai à quitanda.

> ***Alguns locais de compras e serviços terminados em -ría***
> carnicería — *açougue*
> librería — *livraria*
> florería — *floricultura*
> peluquería — *cabeleireiro*
> panadería — *padaria*
> pastelería — *pastelaria*
> lechería — *leiteria*
> zapatería — *sapataria*
> sastrería — *alfaiataria*
> tintorería — *tinturaria*

Compra verduras, judías, hongos
cômprá bêrdurás, hudiás, ôngôs
Compra verduras, vagens, cogumelos

cebollas, tomates, lechuga, frijoles y ajo.
cêbôlhás, tômátês, lêtchugá, frihôlês i áhô.
cebolas, tomates, alface, feijão e alho.

Consulta su lista otra vez.
cônsultá su listá ôtrá bêss.
Consulta sua lista novamente.

"A ver, ¿falta algo?
"á bêr, fáltá álgô?
"Vamos ver... falta alguma coisa?

Ah, sí... Debo comprar algunas frutas...
á, si... ***dêbô côm*prár álgunás *frutás*...**
Ah, sim... tenho de comprar algumas frutas...

naranjas, limones, piñas,
nárán-hás, limônês, *pinhás*,
laranjas, limões, abacaxis,

plátanos, manzanas, uvas y duraznos."
***plátánôs*, mánsánás, *ubás* i durásnôs."**
bananas, maçãs, uvas, pêssegos."

Entonces, en la tienda de comestibles,
ên*tôn*cês, ên lá tiêndá dê côm*êstí*blês,
Então, na mercearia,

compra arroz, café, azúcar, sal,
côm*prá árrô*ss, cá*fê*, ássu*cár*, sál,
compra arroz, café, açúcar, sal,

pimienta, aceite de oliva y salsa picante.
pimiêntá, acêitê dê ô*libá* i sálsá pi*cán*tê.
pimenta, azeite e molho picante.

Luego va a panadería.
luêgô bá á pánádêriá.
Depois vai à padaria.

Allí compra pan, panecillos,
álhi côm*prá* pán, pánê*cí*lhôs,
Ali compra pão, pãezinhos,

galletas y una torta.
gálhêtás i uná tôrtá.
bolachas e uma torta.

En la lechería compra leche, crema,
ên lá lêtchêria côm*prá* lêtchê, crêmá,
Na leiteria compra leite, creme,

167

mantequilla y una docena de huevos.
mántêquílhá i uná dôcêná dê uêbôs.
manteiga e uma dúzia de ovos.

En la pescadería compra un pescado,
ên lá pêscádêriá cômprá un pêscádô,
Na peixaria compra peixe,

> **Pez — pescado**
> *Note que em espanhol se diz* pescado *para o peixe que está sendo vendido como alimento para consumo.* Pez *(plural:* peces*) é usado para falar a respeito dos animais ainda vivos, ornamentais ou não.*

dos kilos de camarones y una langosta.
dôs quílôs dê cámárônês i uná lángôstá.
dois quilos de camarões e uma lagosta.

Pregunta: "¿Está todo fresco?"
prêguntá: "êstá tôdô frêscô?"
Pergunta: "Está tudo fresco?"

El tendero contesta:
êl têndêrô côntêstá:
O dono da loja responde:

"Desde luego, señora. ¡Está fresquísimo!"
"dêsdê luêgô, sênhôrá. êstá frêsquíssimô!"
"Com certeza, senhora. Está fresquíssimo!"

Luego vuelve a la casa con su auto cargado de paquetes.
luêgô buêlbê á lá cássá côn su áutô cárgádô dê páquêtês.
Depois volta para casa com seu carro carregado de pacotes.

Tiene bastante comida para una semana.
tiênê bástántê cômidá párá uná sêmáná.
Tem comida suficiente para uma semana.

CONVERSAÇÃO: NO RESTAURANTE

UN CLIENTE:
un cliêntê:
UM CLIENTE:
 ¿Está libre esta mesa?
 êstá líbrê êstá mêssá?
 Esta mesa está livre?

UN CAMARERO:
un cámárêrô:
UM GARÇOM:
 ¡Cómo no, señor!
 cômô nô, sênhôr!
 Claro, senhor!

> **Claro!**
> *Lembre-se de algumas expressões que já vimos para espressar o sentido de "Claro":*
>
> ¡Cómo no!
> Claro.
> ¡Desde luego!
> Seguro.

Siéntese, por favor.
siêntêsê, pôr fábôr.
Sente-se, por favor.

Aquí tiene la lista de platos.
áqui tiênê lá listá dê plátôs.
Aqui está o menu.

169

EL CLIENTE:
>Gracias. Para empezar,
>**gráciás, *párá* êmp*ê*ss*á*r,**
>*Obrigado. Para começar,*

>un coctel de camarones.
>**un côct*ê*l dê cám*á*rônês.**
>*um coquetel de camarões.*

EL CAMARERO:
>Y ¿de sopa?
>**i dê *sô*pá?**
>*E como sopa?*

>Tenemos un gazpacho frío muy bueno.
>**tênêmôs un gásspátchô *friô* **mui** buênô.**
>*Temos um gaspacho frio muito bom.*

EL CLIENTE:
>No quiero sopa, gracias.
>**nô quiêrô *sô*pá, gráciás.**
>*Não quero sopa, obrigado.*

EL CAMARERO:
>Bien, señor.
>**biên, sênhôr.**
>*Está bem, senhor.*

>Y como plato principal
>**i *cômô plátô* princip*á*l**
>*E como prato principal*

>tenemos arroz con pollo,
>**tênêmôs árrôss côn *pô*lhô,**
>*temos arroz com frango,*

>lechón asado,
>**lêtchôn ássádô,**
>*leitão assado,*

ropa vieja,
rôpá biêhá,
guisado de carne,

y el picadillo está muy bueno.
i êl picádîlhô êstá muí buênô,
e o picadinho está muito bom.

EL CLIENTE:
Yo prefiero un filete.
djô prêfiêrô un filêtê.
Eu prefiro um bife.

EL CAMARERO:
Perfectamente, señor.
pêrfêctámêntê, sênhôr.
Perfeitamente, senhor.

¿Cómo le gusta el filete —
cômô lê gustá êl filêtê —
Como o senhor prefere o bife —

poco cocido, término medio, bien cocido?
pôcô côcidô, têrminô mêdiô, biên côcidô?
malpassado, ao ponto ou bem-passado?

EL CLIENTE:
A mi me gusta poco cocido.
á mi mê gustá pôcô côcidô.
Eu gosto malpassado.

EL CAMARERO:
Y, ¿qué verduras quiere?
i, quê bêrdurás quiêrê?
E que legumes o senhor deseja?

EL CLIENTE:
Guisantes, papas fritas,
guissántês, pápás fritás,
Ervilhas, batatas fritas,

y una ensalada con aceite y vinagre.
i uná ênsáládá côn ácêitê i binágrê.
e uma salada com azeite e vinagre.

Y, con el filete,
i, côn êl filêtê,
E, com o bife,

una botella de vino tinto.
uná bôtêlhá dê binô tintô,
uma garrafa de vinho tinto.

Marqués de Riscal, si lo tiene.
márquês dê riscál, si lô tiênê.
Marquês de Riscal, se o tiver.

EL CAMARERO:
En seguida, señor.
ên sêguidá, sênhôr.
Agora mesmo, senhor.

. . .

¿El señor desea postre?
êl sênhôr dêsseá pôstrê?
O senhor deseja sobremesa?

¿Flan, un pastel?
flán, un pástêl?
Pudim, um bolo?

EL CLIENTE:
Vamos a ver.
bámôs á bêr.
Vamos ver.

Tráigame, pues, queso con guayaba,
tráigámê, puês, quêssô côn guáiábá,
Traga-me, então, queijo com goiabada,

y luego café.
i luêgô cáfê.
e depois café.

...

La cuenta, por favor.
lá cuêntá, pôr fábôr.
A conta, por favor.

EL CAMARERO:
Aquí la tiene, caballero.
áqui lá tiênê, cábálhêrô.
Aqui está, senhor.

EL CLIENTE:
Dígame, ¿Está el servicio incluído
digámê, êstá êl sêrbiciô incluidô
Diga-me, o serviço está incluído

en la cuenta?
ên lá cuêntá?
na conta?

EL CAMARERO:
No señor, no está incluído.
nô sênhôr, nô êstá incluidô.
Não, senhor, não está incluído.

¿Está satisfecho con su almuerzo?
êstá sátisfêtchô côn su álmuêrsô?
Está satisfeito com seu almoço?

EL CLIENTE:
¡Cómo no! La comida aquí es excelente.
cômô nô! lá cômidá áqui ês êcsêlêntê.
Como não! A comida aqui é excelente.

Tenga.
têngá.
Aqui está.

173

EL CAMARERO:
    Gracias, señor.
    gráciás, sênhôr.
    Obrigado, senhor.

    Vuelvo en seguida con el cambio.
    buêlbô ên sèguidá côn êl cámbiô.
    Volto em seguida com o troco.

EL CLIENTE:
    No se moleste. Guárdelo.
    nô sê môlêstê. guárdêlô.
    Não se incomode. Guarde-o.

> **No es molestia**
> Molestarse *significa* "incomodar-se". Assim:
>
> No se moleste. = *Não se incomode.*
> Al contrario, no es molestia. = *Pelo contrário, não
>   é incômodo.*

EL CAMARERO:
    Mil gracias, caballero.
    mil gráciás, cábálhêrô.
    Muito obrigado, senhor.

    Vuelva otra vez.
    buêlbá ôtrá bêss.
    Volte novamente.

TESTE O SEU ESPANHOL

Escreva o equivalente em espanhol destas profissões e lojas. Marque 10 pontos para cada resposta correta. Veja as respostas abaixo.

1. açougueiro _____

2. lojista _____

3. carteiro _____

4. padeiro _____

5. agricultor _____

6. verdureiro _____

7. floricultura _____

8. açougue _____

9. leiteria _____

10. cafeteria _____

Respostas: 1. carnicero 2. tendero 3. cartero 4. panadero 5. ranchero 6. verdulero 7. florería 8. carnicería 9. lechería 10. cafetería.

Resultado: _____ %

passo 15 — USO DO TRATAMENTO FAMILIAR (*TÚ*)

Estos son unos ejemplos
êstôs sôn unôs êhêmplôs
Estes são alguns exemplos

del uso de *tú*.
dêl ussô dê tu.
do uso do tú.

Tú se usa entre miembros de una família.
tu sê ussá êntrê miêmbrôs dê uná fámíliá.
O tú é usado entre membros de uma família.

UNA MADRE:
uná mádrê:
UMA MÃE:

   ¡Óyme! ¡Termina tu comida!
   ôimê, têrminá tu cômidá!
   Ouça! Termine a sua comida!

> ### Imperativo para **tú** e **vosotros** (-as)
> *A forma do imperativo para* tú *corresponde, na maioria das vezes, à da 3ª pessoa do singular do presente do indicativo.*
>
> | | 3ª pess. pres. | imperat. |
> |---|---|---|
> | estudar | él estudia | ¡estudia! |
> | hablar | él habla | ¡habla! |
> | oír | él oye | ¡oye! |
>
> *O imperativo para* vosotros *forma-se pela substituição do* -r *final do infinitivo por* -d.
>
> | decir | ¡Decid! | *Digam!* |

SU HIJA:
su íhá:
SUA FILHA:
No tengo hambre, mamá.
nô têngô ámbrê, mámá.
Não estou com fome, mamãe.

LA MADRE:
¡Tómate la leche también!
tômátê lá lêtchê támbién!
Tome o leite também!

SU HIJA:
No tengo sed tampoco.
nô têngô sêd támpôcô.
Também não estou com sede.

LA MADRE:
Si no terminas todo,
si nô têrminás tôdô,
Se você não terminar tudo,

se lo voy a decir a tu padre.
sê lô bôi á dêcir á tu pádrê.
vou contar ao seu pai.

LA HIJA:
Pero mamá, ¿por qué
pêrô mámá, pôr quê
Mas, mamãe, por que

me haces comer tanto?
mê ácês cômêr tántô?
você me faz comer tanto?

Yo no quiero ser gorda.
djô nô quiêrô sêr gôrdá.
Eu não quero ser gorda.

Tú se usa entre buenos amigos.
tu sê ussá êntrê buênôs ámigôs.
O tú é usado entre amigos.

— Hola, Pepe, ¿cómo estás?
ôlá, pêpê, cômô êstás?
Oi, Pepe, como vai?

— Regular, Julio. ¿Y tú?
rêgulár, huliô, i tu?
Mais ou menos, Júlio. E você?

— Así, así. Mira, ¿sabes que hay una fiesta
ássi, ássi. mirá, sábês quê ái uná fiêstá
Vou indo. Olhe, você sabe que tem uma festa

en la casa de Tito esa noche?
ên lá cássá dê titô êssá nôtchê?
na casa de Tito esta noite?

¿No vas a ir?
nô bás á ir?
Você não vai?

— No estoy invitado.
nô êstôi inbitádô.
Não fui convidado.

— Pero no importa.
pêrô nô impôrtá.
Mas não importa.

Todo el mundo está invitado.
tôdô êl mundô êstá inbitádô.
Todos estão convidados.

Hombre, ¡tienes que venir!
ômbrê, tiênês quê bênir!
Ora, você tem que ir!

Tú se usa entre enamorados.
tu sê ussá êntrê ênámôrádôs.
O tú é usado entre namorados.

ELLA:
êlhá:
ELA:
   Dime, ¿me quieres?
   dimê, mê quiêrês?
   Diga-me, você me ama?

ÉL:
êl:
ELE:
   Sí. Te quiero mucho.
   si. tê quiêrô mutchô.
   Sim, eu amo muito você.

ELLA:
   ¿Me vas a querer siempre?
   mê bás á quêrêr siêmprê?
   Você vai me amar para sempre?

ÉL:
   ¿Quién sabe?
   quiên sábê?
   Quem vai saber?

ELLA:
   ¿Por qué dices "quién sabe"?
   pôr quê dicês "quiên sábê"?
   Por que você diz "quem vai saber"?

   Eres un bruto. Te odio.
   êrês un brutô, tê ôdiô.
   Você é um estúpido. Odeio você.

Tú se usa cuando se habla con niños.
tu sê ussá cuándô sê áblá côn ninhôs.
O tú é usado para se dirigir a crianças.

UNA DAMA:
uná dámá:
UMA SENHORA:
  Oye, preciosa. ¿Cómo te llamas?
  ôiê, prêciôssá. Cômô tê lhámás?
  Escute, gracinha. Como você se chama?

UNA CHIQUILLA:
uná tchiquilha:
UMA MENININHA:
  Me llamo Josefina.
  mê lhámô hôssêfiná.
  Me chamo Josefina.

LA DAMA:
  Y este niñito, ¿es tu hermano?
  i êstê ninhitô, ês tu êrmánô?
  E este menininho, é seu irmão?

LA CHIQUILLA:
  Sí. Es muy chiquito todavía.
  si. ês mui tchiquitô tôdábiá.
  Sim, mas é muito pequeno ainda.

> ***Diminutivos***
> *Forma-se o diminutivo dos substantivos com os sufixos* -ito,
> -cito *ou* -illo *ou, no feminino,* -ita, -cita *ou* -illa.
>
>   gato = gatito
>   casa = casita
>   amor = amorcito
>   guerra = guerrilla

No sabe hablar.
nô sábê áblár.
Não sabe falar.

LA DAMA:
  Pero tú sabes hablar bien, ¿verdad?
  pêrô tu sábês áblár biên, bêrdá?
  Mas você sabe falar muito bem, não é mesmo?

Aquí tienes un bombón para ti
áqui tiênês un bômbôn párá ti
Aqui tem um bombom para você

y otro para tu hermanito.
i ôtrô párá tu êrmánitô.
e outro para seu irmãozinho.

Sonríe, quiero sacarte una foto.
sônriê, quiêrô sácártê uná fôtô.
Sorria, quero tirar uma foto sua.

Tú se usa cuando se habla a animales.
tu sê ussá cuándô sê áblá á ánimálês.
O tú é usado quando se fala com animais.

— Tú, ¡Lobito!, ¡bájate del sofá!
tu, lôbitô! báhátê dêl sôfá!
Você aí, Lobito, desça do sofá!

¡No molestes al gato!
nô môlêstês ál gátô!
Não moleste o gato!

> ***Objeto direto "personalizado"***
> *Já vimos que quando o objeto direto é uma pessoa deve-se usar antes dele a preposição a. Também se usa a quando o objeto direto é um animal "personalizado", ou seja, um animal de estimação, conhecido.*

Deja al gato tranquillo.
dêhá ál gátô tránquilô.
Deixe o gato em paz.

¡Cállate! ¡No hagas tanto ruido!
cálhátê! nô ágás tántô ruidô!
Cale-se, não faça tanto barulho!

O imperativo negativo para tú
No caso do tú, *a forma do imperativo negativo não é igual à do positivo. Ela se obtém acrescentando-se um -s à forma do imperativo para* usted.

inf.	*imper.* (Ud.)	*imper. neg.* (tú)
hablar	¡Hable!	¡No hables!
comer	¡Coma!	¡No comas!

¡Sal daquí, perro malo!
sál dáqui, pêrrô málô!
Saia daqui, cachorro malvado!

Sal
Observe o imperativo irregular do verbo salir *(sair):* ¡sal tú!

CONVERSAÇÃO: NO TERRAÇO DE UM CAFÉ

ÉL:
êl:
ELE:
Tengo sed.
têngô sêd.
Estou com sede.

¿Quieres tomar una copa aquí?
quiêrês tômár uná côpá áqui?
Quer tomar algo aqui?

> **Copa**
> *Literalmente, copa significa "cálice", "taça", mas pode ser utilizada quando queremos convidar alguém a tomar uma bebida qualquer.*

ELLA:
êlha:
ELA:
¡Qué buena idea! Vamos.
quê buêná idêá! bámôs.
Que boa ideia! Vamos.

ÉL:
Aquí hay una mesa libre.
áqui ái uná mêssá líbrê.
Aqui há uma mesa livre.

¡ Camarera!
cámárêrá!
Garçonete!

CAMARERA:
cámárêrá:
GARÇONETE:
  Buenas tardes. ¿Que desean?
  buênás tárdês. quê dêssêán?
  Boa tarde. O que desejam?

ÉL:
  ¿Qué tomas, querida?
  quê tômás, quêridá?
  O que você toma, querida?

ELLA:
  No sé... una limonada, quizás.
  nô sê... uná limônádá, quissás.
  Não sei... talvez uma limonada.

ÉL:
  Bien. Tráiganos una limonada
  biên, tráigánôs uná limônádá
  Bem. Traga-nos uma limonada

  y para mí un coñac con soda,
  i párá mi un cônhác côn sôdá,
  e para mim um conhaque com soda,

  y póngale hielo, por favor.
  i pôngálê iêlô, pôr fábôr.
  com gelo, por favor.

ELLA:
  Mira, querido, ¿quieres cambiar la orden?
  mirá, quêridô, quiêrês cámbiár lá ôrdên?
  Olhe, querido, você não quer mudar o pedido?

  Quiero probar un vino de Jerez,
  quiêrô prôbár un binô dê hêrêss,
  Quero experimentar o vinho xerez,

en lugar de la limonada.
ên lugár dê lá limônádá.
no lugar da limonada.

ÉL:

Está bien. Así son las mujeres.
êstá biên. ássi sôn lás muhêrês.
Está bem. Assim são as mulheres.

Siempre cambian de parecer.
siêmprê cámbián dê párêcêr.
Sempre mudam de ideia.

¡Camarera! Cambie la orden, por favor.
cámárêrá! cámbiê lá ôrdên, pôr fábôr.
Garçonete! Mude o pedido, por favor.

Una copita de Jerez para la señora.
uná côpitá dê hêrêss párá lá sênhôrá.
Uma tacinha de xerez para a senhora.

ELLA:

¿No estás enojado conmigo?
nô êstás ênôhádô cônmigô?
Você não está chateado comigo?

ÉL:

Sabes que nunca estoy enojado contigo, mi vida.
sábês quê nuncá êstôi ênôhádô côntigô, mi bidá.
Você sabe que eu nunca me chateio com você, minha vida.

Aquí vienen las bebidas. ¡Salud!
áqui biênên lás bêbidás. sálu!
Aí vêm as bebidas. Saúde!

ELLA:

¡Salud y pesetas!
sálu i pêssêtás!
Saúde e dinheiro!

ÉL:
O, como también se dice:
ô, cômô támbiên sê dicê:
Ou, como também se diz:

¡ Salud, pesetas e amor!
sálu, pêssêtás i ámôr!
Saúde, dinheiro e amor!

ELLA:
¡Y muchos años para disfrutarlos!
i mutchôs ánhôs párá disfrutárlôs!
E muitos anos para desfrutá-los!

TESTE O SEU ESPANHOL

Passe estas frases para o espanhol utilizando o tratamento familiar (*tú*). Marque 10 pontos para cada resposta correta. Veja as respostas abaixo.

1. Qual é o seu nome? _____

2. Como vai você? _____

3. Você não vai? _____

4. Você tem que vir. _____

5. Você me ama? _____

6. Eu te amo muito. _____

7. Você é um estúpido. _____

8. Eu te odeio. _____

9. Ouça-me! _____

10. Fique quieto! _____

Respostas: 1. ¿Cómo te llamas? 2. ¿Cómo estás? 3. ¿No vas? 4. ¡Tienes que venir! 5. ¿Me quieres? 6. Te quiero mucho. 7. Eres un bruto. 8. Te odio. 9. ¡Óigame! 10. ¡Cállate!

Resultado: _____%

passo 16 — DIAS, MESES, ESTAÇÕES DO ANO, O TEMPO

Los días de la semana son:
lôs *diás* dê lá sê*máná* sôn:
Os dias da semana são:

lunes, martes, miércoles,
***lunês*, *mártês*, *miêrcôlês*,**
segunda-feira, terça-feira, quarta-feira,

jueves, viernes, sábado y domingo.
huêbês, biêrnês, *sábádô* i dômingô.
quinta-feira, sexta-feira, sábado e domingo.

Los meses se llaman:
lôs *mêssês* sê lhámán:
Os nomes dos meses são:

enero, febrero, marzo, abril,
ênêrô, fêbrêrô, *mársò*, *ábril*,
janeiro, fevereiro, março, abril,

mayo, junio, julio, agosto,
***máiô*, *huniô*, *huliô*, ágôstô,**
maio, junho, julho, agosto,

septembrê, octubre, noviembre, diciembre.
sêptêmbrê, ôctubrê, nôviêmbrê, diciêmbrê.
setembro, outubro, novembro, dezembro.

Enero es el primer mes del año.
ênêrô ês êl primêr mês dêl ánhô.
Janeiro é o primeiro mês do ano.

El primero de enero es el día de año nuevo.
êl prim*êr*ô dê ên*êr*ô ês êl *diá* dê *ánh*ô nu*êb*ô.
Primeiro de janeiro é o dia de ano-novo.

Entonces les decimos a nuestros amigos:
ênt*ôncê*s lês dêcim*ô*s á nu*ês*trôs á*mig*ôs:
Então dizemos aos nossos amigos:

"¡Feliz Año Nuevo!"
"fêl*iss* ánhô nu*êb*ô!"
"Feliz ano-novo!"

El veinticinco de diciembre
êl bêintic*incô* dê diciêmbrê
O vinte e cinco de dezembro

es el día de Pascuas de Navidad.
ês êl *diá* dê *páscu*ás dê *návi*dá.
é o dia do Natal.

La gente se dice: "¡Felices Pascuas!"
lá *h*êntê sê *di*cê: "fêlicês *páscu*ás!"
As pessoas dizem umas às outras: "Feliz Natal!"

> **Pascuas**
> *Tanto o Natal quanto a Páscoa são chamados "Pascuas". Para diferenciá-los, ao primeiro chama-se* Pascuas de Navidad *("Páscoas de Natal"), e à segunda chama-se* Pascuas Floridas *(o estado da Flórida, nos EUA, tem esse nome porque foi descoberto no dia de Páscoa.)*

La fecha del día de independencia
lá *fê*tchá dêl *diá* dê indêpên*dên*ciá
A data do dia da independência

varia según el país.
báriá sê*gun* êl *pái*s.
varia segundo o país.

En México, por ejemplo,
ên *mê*hicô, pôr êhêmplô,
No México, por exemplo,

es el quince de septiembre.
ês êl *quin*cê dê sêptiêmbrê.
é no dia quinze de setembro.

Entonces todo el mundo dice: "¡Viva México!"
ên*tôn*cês tôdô êl mundô dicê: "*bi*bá *mê*hicô!"
Então todos dizem: "Viva o México!"

El año se divide en cuatro estaciones —
êl *án*hô sê di*bi*dê ên cuátrô êstáciônês —
O ano se divide em quatro estações —

primavera, verano, otoño e invierno.
primá*bê*rá, bê*rá*nô, ô*tôn*hô ê inbiêrnô.
primavera, verão, outono e inverno.

En invierno hace mucho frío,
ên inbiêrnô ácê mutchô friô,
No inverno faz muito frio,

y en el verano hace calor.
i ên êl bê*rá*nô ácê cálor.
e no verão faz calor.

En la primavera y en el otoño
ên lá primá*bê*rá i ên êl ô*tôn*hô
Na primavera e no outono

generalmente hace buen tiempo.
hênêrál*mên*tê ácê buên tiêmpô.
geralmente faz bom tempo.

> **Hace frío — hace calor**
> *A 3ª pessoa do verbo hacer ("fazer") é usada para descrever alguns aspectos do clima e da temperatura, nem sempre em expressões correspondentes às do português:*

hace calor = *está fazendo calor*
hace frío = *está fazendo frio*
hace sol = *está fazendo sol*
hace viento = *está ventando*

El clima en España
êl *climá* ên ês*pánhá*
O clima na Espanha

es un poco parecido al clima de Norte América.
ês un *pôcô* *párêcidô* ál *climá* dê *nôrtê* á*mêricá*.
é um pouco parecido ao clima da América do Norte.

Hay cambio de estaciones.
ái *cámbiô* dê ês*táciônês*.
Há mudança de estações.

Pero en Centro América
pêrô ên *centrô* á*mêricá*
Mas na América Central

y la parte norte de Sudamérica,
i lá *pártê* *nôrtê* dê *sudámêricá*,
e na parte norte da América do Sul,

como Venezuela, Colombia y Ecuador,
cômô bênêssuêlá, côlômbiá i êcuá*dôr*,
como Venezuela, Colômbia e Equador,

el clima es diferente.
êl *climá* ês di*fêrêntê*.
o clima é diferente.

Hace siempre calor en la costa
ácê siêmprê cá*lôr* ên lá *côstá*
Faz sempre calor na costa

y frío en las montañas.
i *friô* ên lás môn*tánhás*.
e frio nas montanhas.

191

Hay solamente dos estaciones —
ái sôlámêntê dôs êstáciônês —
Há somente duas estações —

la temporada seca,
lá têmpôrádá sêcá,
a temporada seca,

que corresponde a los meses de
quê côrrêspôndê á lôs mêssês dê
que corresponde aos meses de

otoño e invierno, cuando no llueve nunca,
ôtônhô ê inbiêrnô, cuándô nô lhuêbê nuncá,
outono e inverno, quando nunca chove,

y la temporada de las lluvias,
i lá têmpôrádá dê lás lhubiás,
e a temporada das chuvas,

que incluye los meses de primavera y verano,
quê incluiê lôs mêssês dê primábêrá i bêránô,
que compreende os meses de primavera e verão,

cuando llueve muy frecuentemente.
cuándô lluêbê mui frêcuêntêmêntê.
quando chove muito frequentemente.

En los países al sur del ecuador,
ên lôs páissês ál sur dêl êcuádôr,
Nos países ao sul do equador,

las temporadas son opuestas a las del norte del ecuador.
lás têmpôrádás sôn ôpuêstás á lás dêl nôrtê dêl êcuádôr.
as estações são opostas às do norte do equador.

Por ejemplo, en Chile, Argentina y Uruguay,
pôr êhêmplô, ên tchilê, árhêntiná i uruguái,
Por exemplo, no Chile, Argentina e Uruguai,

192

hace frío en julio y agosto
ácê friô ên huliô i ágôstô
faz frio em julho e agosto

y calor en enero y febrero.
i câlôr ên ênêrô i fêbrêrô.
e calor em janeiro e fevereiro.

CONVERSAÇÃO: FALANDO SOBRE O TEMPO

Todo el mundo hace comentarios sobre el tiempo.
tôdô êl mundô ácê cômentáriôs sôbrê êl tiêmpô.
Todos fazem comentários sobre o tempo.

En la primavera, cuando el sol brilla
ên lá primábêrá, cuándô êl sôl brilhá
Na primavera, quando o sol brilha

y sopla una brisa agradable
i sôplá uná brissá ágrádáblê
e sopra uma brisa agradável

y el aire huele a flores, se dice:
i êl áirê uêlê á flôrês, sê dicê:
e o ar cheira a flores, costuma-se dizer:

   "¡Qué día tan bello!"
   "quê diá tán bêlhô!"
   "Que dia tão belo!"

Y cuando la noche está clara
i cuándô lá nôtchê êstá clárá
E quando a noite está clara

y vemos la luna
i bêmôs lá luná
e vemos a lua

y las estrellas brillantes, decimos:
i lás êstrêlhás brilhántês, dêcimôs:
e as estrelas brilhantes dizemos:

" ¡Qué noche tan linda!"
"quê *nô*tchê tán *lin*dá!"
"Que noite tão linda!"

En el verano cuando el sol es muy fuerte decimos:
ên êl bê*rá*nô cu*án*dô êl sôl ês *mui* fu*ê*rtê dê*ci*môs:
No verão, quando o sol é muito forte, dizemos:

"Hace un calor terrible, ¿no?"
"*á*cê un cá*lôr* tê*rrí*blê, nô?"
"Está fazendo um calor terrível, não é?"

Cuando llove se dice frecuentemente:
cu*án*dô lhô*bê* sê *di*cê frêcuêntê*mên*tê:
Quando chove, se diz frequentemente:

"Hace mal tiempo hoy.
"*á*cê mál ti*êm*pô ôi.
"Hoje está fazendo mau tempo.

Está lloviendo otra vez."
ê*stá* lhô*bên*dô *ô*trá bêss."
Está chovendo outra vez."

En el otoño, cuando empieza el frío se dice:
ên êl ô*tô*nhô, cu*án*dô êmpi*ê*ssá êl *fri*ô sê *di*cê:
No outono, quando começa a esfriar, diz-se:

"Hace bastante fresco, ¿verdad?"
"*á*cê bás*tán*tê *frês*cô, bêr*dá*?"
"Está bem frio, não é?"

En el invierno, cuando nieva a menudo se dice:
ên êl inbi*ê*rnô, cu*án*dô ni*ê*bá á mê*nu*dô, sê *di*cê:
No inverno, quando neva muito frequentemente, diz-se:

"Está nevando mucho.
"ê*stá* nê*bán*dô *mu*tchô.
"Está nevando muito.

¡Que frío hace!
quê *friô* *ácê*!
Que frio!

Los caminos deben estar malíssimos,
lôs *cáminôs* *dêbên* êstár málissimôs,
As estradas devem estar péssimas,

con tanto hielo y nieve."
côn *tántô* iêlô i niêbê."
com tanto gelo e neve."

Cuando hace mucho viento, con truenos, relámpagos
cuándô ácê *mutchô* biêntô, côn truênôs, rêlámpágôs
Quando venta muito, com trovões, relâmpagos

y mucha lluvia, se dice:
i *mutchá* *lhu*biá, sê *dicê*:
e muita chuva, diz-se:

"¡Vaya una tormenta!"
"*báiá* uná tôrmêntá!"
"Que tempestade!"

Y cuando hay mucha neblina
i cuándô ái *mutchá* nêbliná
E quando há muita neblina

a veces decimos:
á bêcês dêcimôs:
às vezes dizemos:

" ¡Qué neblina!
"quê nêbliná!
"Que neblina!

Casi no se puede ver nada.
***cássi* nô sê puêdê bêr *nádá*.**
Não se pode ver quase nada.

Es muy peligroso guiar.
ês *mui* pêligrôssô guiár.
É muito perigoso guiar.

Es mejor quedarse en casa."
ês mêhôr quêdársê ên *cássá*."
É melhor ficar em casa."

> **Quedar *e* quedarse**
> Quedarse *é um verbo reflexivo que significa "permanecer" ou "ficar". Sua forma não reflexiva* (quedar) *é usada com o mesmo sentido de* ser ou estar *quando faz referência a estado ou condição.*

TESTE O SEU ESPANHOL

1. Traduza estes comentários sobre o clima para o português. Marque 10 pontos para cada resposta correta. Veja as respostas abaixo.

1. ¡Qué día tan bello! _____

2. ¡Qué noche tan linda! _____

3. Hace un calor terrible, ¿no? _____

4. Hace mal tiempo hoy. _____

5. Está lloviendo otra vez. _____

6. Hace bastante fresco, ¿no? _____

7. Está nevando mucho. _____

8. ¡Qué frío hace! _____

9. ¡Vaya una tormenta! _____

10. ¡Que neblina! _____

Respostas: 1. Que dia bonito! 2. Que noite linda! 3. Está fazendo um calor terrível, não é? 4. Hoje está fazendo mau tempo. 5. Está chovendo de novo. 6. Está frio, não é? 7. Está nevando muito. 8. Que frio! 9. Que tempestade! 10. Que neblina!

Resultado: _____ %

passo 17 FORMAÇÃO DO FUTURO

El tiempo futuro es muy fácil.
êl tiêmpô futurô ês *mui fácil*.
O tempo futuro é muito fácil.

Para la forma *yo* se añade una *é* al infinitivo.
***pá*rá lá *fô*rmá djô sê *ánhá*dê *uná* ê *ál* infini*tí*bô.**
Para a forma yo acrescenta-se um é ao infinitivo.

Mañana por la mañana me levantaré muy temprano.
má*nhá*ná pôr lá má*nhá*ná mê lêbán*tá*rê *mui* têm*prá*nô.
Amanhã de manhã eu me levantarei muito cedo.

Iré al médico;
irê ál mêdicô;
Irei ao médico;

>   **¿Dónde hay un médico?**
> *Quando consultar um médico, observe as seguintes estruturas para indicar onde se localiza o problema:*
>
>> *Estou com dor de cabeça.* — Me duele la cabeza.
>> *Estou com dor de garganta.* — Me duele la garganta.
>> *Estou com dor de estômago.* — Me duele el estómago.
>> *Tenho tontura.* — Tengo vértigo.
>> *Dói aqui.* — Me duele aquí.
>
> *O médico talvez lhe prescreva um medicamento ou uma condição a ser observada, e poderá dizer:*

Deve ficar na cama. — Debe guardar cama.
Tome isto três vezes ao dia. — Tome esto tres veces al día.
O senhor se sentirá melhor. — Ud. se sentirá mejor.
Volte em dois dias. — Vuelva en dos días.

Le pediré algo para mi tos.
lê pêdirê *álgô* párá mi tôs.
Pedirei algo para a minha tosse.

Le llamaré desde su despacho
lê lhámárê dêsdê su dêspátchô
Telefonarei para você do consultório dele

y diré a que horas estaré de vuelta,
i dirê á quê ôrás êstárê dê buêltá.
e direi a que horas estarei de volta.

Como formar o futuro
Forma-se o futuro de muitos verbos acrescentando-se ao infinitivo as terminações que você está agora aprendendo. Assim, bastará olhar o verbo no dicionário e acrescentar as terminações. Contudo, alguns verbos mudam o radical ao formarem o futuro. Você deverá decorar alguns destes futuros irregulares, apresentados no infinitivo seguido da forma de sua 1ª pessoa (yo) no futuro:

venir *(vendré);* tener *(tendré);* salir *(saldré);* poner *(pondré);* hacer *(haré);* saber *(sabré);* poder *(podré);* decir *(diré);* querer *(querré);* valer *(valdré);* haber *(habrá). Este último é dado na 3ª pessoa por ser a mais usada, no sentido de "existir".*

Para las formas de *Ud., el, ella,* se añade *á* al infinitivo.
párá lás fôrmás dê ustê, êl, êlhá, sê ánhádê á ál infinitíbô.
Para as formas Ud., el, ella, acrescenta-se um á ao infinitivo.

¿Cuándo llegará Ramón?
cuándô lhêgárá rámôn?
Quando Ramón vai chegar?

Vendrá mañana.
bêndrá mánháná.
Virá amanhã.

¿Será posible hablarle sobre el contrato?
sêrá pôssíblê áblárlê sôbrê êl côntrátô?
Será possível falar-lhe sobre o contrato?

Creo que no podrá. Saldrá a las dos.
crêô quê nô pôdrá. Sáldrá á lás dôs.
Creio que o senhor não poderá. Ele sairá às duas.

Volará a Venezuela, donde visitará
bôlárá á bênêssuêlá, dôndê bissitárá
Voará para a Venezuela, onde visitará

los nuevos campos de petróleo.
lôs nuêbôs cámpôs dê pêtrôlêô.
os novos campos de petróleo.

¿No vendrá al aeropuerto?
nô bêndrá ál áêrôpuêrtô?
O senhor não irá ao aeroporto?

Así tendrá tiempo para hablarle.
ássi têndrá tiêmpô párá áblárlê.
Assim terá tempo de falar com ele.

Para la forma *tú* se añade -*ás* al infinitivo.
párá lá fôrmá tu sê ánhádê ás ál infinitíbô.
Para a forma tú acrescenta-se -ás ao infinitivo.

201

ELLA:
>¿Me llamarás mañana?
>**mê lhámárás mánháná?**
>*Você me telefonará amanhã?*

ÉL:
>Claro. Pero no estarás en casa.
>**cláro. pêrô nô êstárás ên cássá.**
>*Claro. Mas você não estará em casa.*

>Saldrás temprano, ¿no? ¿Cuándo volverás?
>**sáldrás têmpránô, nô? cuándô, bôlbêrás?**
>*Você vai sair cedo, não é? Quando voltará?*

ELLA:
>A las cinco de la tarde,
>**á lás cincô dê lá tárdê.**
>*Às cinco da tarde.*

>Podrás llamarme después de las cinco.
>**pôdrás lhámármê dêspuês dê lás cincô.**
>*Você poderá me telefonar depois das cinco.*

>**Forma do verbo para Ud. + -s = *forma para tú***
>*Como a forma familiar* tú *foi introduzida para estudo no Passo 15, a partir de agora passaremos a incluí-la em nossas explicações dos novos tempos verbais. Na realidade ela é muito fácil de ser utilizada, pois, na maior parte das vezes, basta acrescentar um -s à forma verbal utilizada para Ud e teremos a forma para tú.*

Para la forma de *nosotros* (*nosotras*) se añade *-emos* al infinitivo.
párá lá fôrmá dê nôssôtrôs (nôssôtrás) sê ánhádê êmôs ál infinitíbô.
Para a forma de nosotros *(nosotras) acrescenta-se -emos ao infinitivo.*

>El próximo sábado todos iremos al campo.
>**êl prôcsimô sábádô tôdôs irêmôs ál cámpô.**
>*No próximo sábado todos iremos ao campo.*

Tomaremos el tren y bajaremos en Vereda Nueva.
tôm*á*rêmôs êl trên i báh*á*rêmôs ên bêrêdá nuêbá.
Tomaremos o trem e desceremos em Vereda Nueva.

Luego iremos en auto a la finca de don Antonio.
luêgô irêmôs ên *á*utô á lá *finc*á dê dôn ánt*ô*niô.
Depois iremos de carro ao sítio do sr. Antônio.

Allí montaremos a caballo, veremos los alrededores
á*lhi* môntárêmôs á cáb*á*lhô, bêrêmôs lôs álrêdêd*ô*rês
Ali montaremos a cavalo, veremos os arredores

y después nadaremos en la piscina.
i dêspuês nád*á*rêmôs ên lá pic*i*ná.
e depois nadaremos na piscina.

Por la noche cenaremos al aire libre.
pôr lá *n*ôtchê cênárêmôs ál *á*irê *l*íbrê.
À noite jantaremos ao ar livre.

Oiremos canciones y música típica,
ôirêmôs cánciônês i *m*ussicá *t*ipicá.
Ouviremos canções e música típica.

Creo que nos divertiremos mucho.
***c*rêô quê nôs dibêrtirêmôs *m*utchô.**
Creio que nos divertiremos muito.

> **¡Qué se divirta!**
> *Para desejar que alguém tenha um bom divertimento, usa--se o verbo reflexivo* divertirse. *Diz-se:* ¡Qué se divirta!, *ou, caso haja várias pessoas:* ¡Qué se divirtan!

Para la forma de *vosotros* (*vosotras*) se añade *-eis* al infinitivo,
***p*árá lá *f*ôrmá dê bôssôtrôs (bôssôtrás) sê ánh*á*dê -eis ál infinit*í*bô.**
Para a forma de vosotros (vosotras) *acrescenta-se* -eis *ao infinitivo.*

Para la forma de *Uds., ellos, ellas* se añade *-án* al infinitivo.
***p*árá lá *f*ôrmá dê ustêdês, ê*l*hôs, ê*l*hás sê ánh*á*dê án ál infinit*í*bô.**
Para as formas de Uds., ellos, ellas *acrescenta-se* -án *ao infinitivo.*

UN JÓVEN:
un *h*ôbên:
UM JOVEM:
    ¿Vivirán los hombres en la luna algún día?
    bibir*án* lôs ômbrês ên lá *luná* ál*gun* diá?
    Os homens viverão na lua algum dia?

UN VIEJO:
un bi*é*hô:
UM VELHO:
    Desde luego. Pronto habrá bases allí,
    dêsdê luêgô. prôntô ábrá bássês álhi,
    Certamente. Logo haverá bases lá,

    y, sin duda, servicio de vuelos diarios.
    i, sin *d*udá, sêrbiciô dê buêlôs diáriôs.
    e, sem dúvida, serviço de voos diários.

EL JÓVEN:
    ¿Cree que irán a los planetas también?
    crêê quê ir*án* á lôs pl*á*nêt*á*s támbiên?
    O senhor acredita que irão aos planetas também?

EL VIEJO:
    Seguramente. Una vez en la luna,
    sêgurámêntê, *u*ná bêss ên lá *luná*,
    Naturalmente. Uma vez na lua,

    los viajes futuros serán más fáciles
    lôs biáhês futurôs sêrán más *f*ácilês
    as viagens futuras serão mais fáceis

> **Viaje**
> *Note que* viaje *é uma palavra masculina, assim como* paisaje, equipaje *etc.*

    y seguirán hasta los planetas.
    i sêguirán ástá lôs plánêtás.
    e chegarão até os planetas.

Pero creo que los astronautas no llegarán
pêrô crêô quê lôs ástrônáutás nô lhêgárán
Mas acredito que os astronautas não chegarão

a las estrellas en el futuro cercano.
á lás êstrêlhás ên êl fu*t*urô cêrcánô.
às estrelas em um futuro próximo.

Tal vez vosotros, los jóvenes, lo veréis,
tál bêss bôssôtrôs, lôs *h*óbênês, lô bêrêis.
Talvez vocês, os jovens, o vejam.

CONVERSAÇÃO: PLANOS PARA UMA VIAGEM AO MÉXICO

ÉL:
Uds. irán a México la semana que viene, ¿no?
ustêdês ir*án* á *mê*hicô lá sêm*án*á quê biênê, nô?
Vocês irão ao México na semana que vem, não é?

ELLA:
Sí. Pero no partiremos juntos.
si, *pê*rô nô pártirêmôs *hun*tôs.
Sim, mas não partiremos juntos.

Julio irá primero
huliô irá primêrô
Júlio irá primeiro

porque tendrá que atender unos negocios.
pôrquê tên*drá* quê átên*dêr* unôs nêgôciôs.
porque terá de cuidar de alguns negócios.

Yo seguiré tres días más tarde.
djô sêguirê três *di*ás más *tár*dê.
Eu seguirei três dias mais tarde.

Nos encontraremos en México
nôs êncôntrárêmôs ên *mê*hicô
Nos encontraremos no México

el viernes próximo.
êl biêrnês *pró*himô.
na sexta-feira que vem.

206

ÉL:
¿Qué harán durante su visita?
quê árán durántê su bissitá?
O que farão durante sua visita?

ELLA:
Tenemos todo planeado,
tênêmôs tôdô plánêádô.
Temos tudo planejado.

Haremos una gira por la ciudad
árêmôs uná hirá pôr lá ciudá
Daremos uma volta pela cidade

y las afueras.
i lás áfuêrás.
e pelos arredores.

Visitaremos los museos
bissitárêmôs lôs mussêôs
Visitaremos os museus

y los mercados.
i lôs mêrcádôs.
e os mercados.

Iremos a las pirámides,
irêmôs á lás pirámidês,
Iremos às pirâmides,

veremos los festivales
bêrêmôs lôs fêstibálês
veremos os festivais

de baile y de música.
dê báilê i dê mussicá.
de dança e de música.

Y, ¿qué más? Ah, sí...
i, quê más? á, si...
E o que mais? Ah, sim.

assistiremos a una corrida.
ássistirêmos á uná côrridá.
assistiremos a uma tourada.

ÉL:
¿Cree que le gustará?
crêê quê lê gustárá?
Acha que vai gostar?

ELLA:
¡Ya lo creo! Fíjese,
djá lô crêô! fihêssê,
Acho, sim! Imagine só,

¡el Cordobés será
êl côrdôbês sêrá
el Cordobés será

uno de los matadores!
unô dê lôs mátádôrês!
um dos toureiros!

ÉL:
¡Qué suerte! Yo sólo lo veré
quê suêrtê! djô sólô lô bêrê
Que sorte! Vou vê-lo apenas

en la televisión.
ên lá têlêbissión.
na televisão.

Y, ¿a qué otras ciudades irán?
i, á quê ôtrás ciudádês irán?
E a que outras cidades vocês irão?

ELLA:
　　Unos amigos nos estarán esperando
　　unôs ámigôs nôs êstárán êspêrándô
　　Alguns amigos nos estarão esperando

　　en México y nos llevarán
　　ên mêhicô i nôs lhêbárán
　　na cidade do México e nos levarão

　　a Cuernavaca en su auto.
　　á cuêrnábácá ên su áutô.
　　a Cuernavaca no automóvel deles.

　　Después de estar dos días allí,
　　dêspuês dê êstár dôs dias álhi,
　　Depois de ficarmos dois dias lá,

　　Julio irá a Guadalajara,
　　huliô irá á guádáláhárá,
　　Júlio irá a Guadalajara,

　　donde irá ver a unos clientes,
　　dôndê irá bêr á unôs cliêntês,
　　onde visitará alguns clientes,

　　mientras yo passaré
　　miêntrás djô pássárê
　　enquanto eu passarei

　　unos días en Taxco.
　　unôs diás ên táscô.
　　alguns dias em Taxco.

ÉL:
　　Seguramente le gustará mucho.
　　sêgurámêntê lê gustará mutchô.
　　Com certeza vai gostar muito.

Encontrará todo muy pitoresco allí,
êncôntrárá tôdô mui pitôrêscô álhi.
Vai achar tudo muito pitoresco lá.

> **Encontrar**
> *Observe o emprego de* encontrar *com o sentido de "achar".*

ELLA:
Después saldré para la capital,
dêspuês sáldrê párá lá cápitál,
Depois irei para a capital,

dónde Julio me estará esperando,
dôndê huliô mê êstárá êspêrándô,
onde Júlio estará me esperando,

y juntos tomaremos
i huntôs tômárêmôs
e juntos tomaremos

el avión para Acapulco.
êl ábiôn párá ácápulcô.
o avião para Acapulco.

Allí pasaremos todo el día
álhi pássárêmôs tôdô êl diá
Passaremos todo o dia ali

en la playa y descansaremos.
ên lá pláiá i dêscánsárêmôs.
na praia e descansaremos.

ÉL:
Creo que no descansarán mucho de noche.
crêô quê nô dêscánsárán mutchô dê nôtchê.
Eu acho que vocês não descansarão muito à noite.

Acapulco es muy alegre.
ácápulcô ês mui álêgrê.
Acapulco é muito alegre.

Querrán ver los cabarets, sin duda,
quêrrán bêr lôs cábárêts, sin dudá,
Vocês vão querer ver os cabarés, sem dúvida,

y serán invitados a muchas fiestas.
i sêrán inbitádôs á mutchás fiêstás.
e serão convidados a muitas festas.

No habrá mucho tiempo para descansar.
nô ábrá mutchô tiêmpô párá dêscánsár.
Não haverá muito tempo para descansar.

TESTE O SEU ESPANHOL

Faça a correspondência entre as orações, através da numeração. Marque 10 pontos para cada resposta correta. Veja as respostas abaixo.

1. No iremos a la fiesta esta noche.   __ Gostará muito.

2. Nos quedaremos por dos días.   __ Você estará em casa?

3. Le gustará mucho.   __ Descansarei esta noite.

4. Te llamaré el martes.   __ Não iremos à festa esta noite.

5. ¿Estarás en casa?   __ Terei de levantar cedo.

6. El se divertirá mucho.   __ Ficaremos dois dias.

7. ¿Estudiarán Uds. juntos?   __ Ele se divertirá muito.

8. Veremos muchas cosas interesantes.   __ Veremos muitas coisas interessantes.

9. Tendré que levantarme temprano.   __ Telefonarei para você na terça-feira.

10. Descansaré esta noche.   __ Vocês estudarão juntos?

Respostas: 3, 5, 10, 1, 9, 2, 6, 8, 4, 7.

Resultado: _____ %

passo 18 FORMAÇÃO DO PRETÉRITO INDEFINIDO

El tiempo pasado. El pretérito indefinido.
êl tiêmpô pássádô. êl prêtêritô indêfinidô.
O tempo passado. O pretérito indefinido.

Para los verbos que terminan en -*ar*
párá lôs bêrbôs quê têrminán ên ár
Para os verbos que terminam em -ar

el pretérito indefinido se forma quitando la -*ar*
êl prêtêritô indêfinidô sê fôrmá quitândô lá ár
o pretérito indefinido é formado suprimindo-se o -ar

y añadiendo las terminaciones
i ánhádiêndô lás têrmináciônês
e acrescentando-se as terminações

-é, -aste, -ó, -amos, -asteis, -aron.

Este és el pretérito indefinido de tomar:
êstê ês êl prêtêritô indêfinidô dê tômár:
Este é o pretérito indefinido de tomar:

(yo) — Tomé mi desayuno temprano.
(djô) — tômê mi dêssáiunô têmpránô.
(eu) — Tomei meu café da manhã cedo.

(tú) — ¿Tomaste tu medicina ayer?
(tu) — tômástê tu mêdiciná áiêr?
(você) — Tomou seu remédio ontem?

(Ud., él, ella) — Tomó el tren en Madrid.
(ustê, êl, êlhá) — tômô êl trên ên má*dri*.
(o sr., a sra., ele, ela) — Tomou o trem em Madri.

(nosotros, -as) — Tomamos café esta mañana.
(nôssôtrôs, -ás) — tô*má*môs cá*fê* êstá mán*há*ná.
(nós) — Tomamos café esta manhã.

(vosotros, -as) — Tomasteis una limonada.
(bôssôtrôs, -ás) — tô*más*têis uná limô*ná*dá.
(vocês) — Tomaram uma limonada.

(Uds., ellos, ellas) — ¿Qué tomaron de postre?
(ustêdês, êlhôs, êlhás) — quê tô*má*rôn dê *pôs*trê?
(os srs., as sras., eles, elas) — O que comeram de sobremesa?

Aquí hay un diálogo usando ejemplos
á*qui* ái un diá*lô*gô us*sán*dô ê*hêm*plôs
Aqui está um diálogo usando exemplos

del pretérito indefinido de los verbos terminados en -ar:
dêl prê*tê*ritô indê*fi*nidô dê lôs *bêr*bôs têrmi*ná*dôs ên -ár:
do pretérito indefinido dos verbos terminados em -ar:

— ¿Sabes lo que pasó anoche?
sá*bês* lô quê *pás*sô á*nô*tchê?
Você sabe o que aconteceu ontem à noite?

— No. ¿Qué pasó?
nô. quê *pás*sô?
Não. O que houve?

— Un ladrón entró en nuestra casa.
un lá*drôn* ên*trô* ên nuêstrá *cás*sá.
Um ladrão entrou em nossa casa.

— ¿Verdad? ¿Robó algo?
bêr*dá*? rô*bô* ál*gô*?
Verdade? Roubou alguma coisa?

— ¡'Claro que sí! Se llevó
clárô quê si! sê lhêbô
Claro que sim! Levou

la vajilla de plata,
lá báhílhá dê plátá,
a baixela de prata,

dinero y una radio.
dinêrô i uná rádiô.
dinheiro e um rádio.

También tomó algunas joyas,
támbiên tômô álgunás hôiás.
Também levou algumas joias.

— Y, ¿se escapó?
i, sê êscápô?
E escapou?

— No. Una vecina notó algo raro
nô. uná bêciná nôtô álgô rárô
Não. Uma vizinha notou algo estranho

y llamó a la policía,
i lhámô á lá pôliciá.
e chamou a polícia.

Los policías llegaron casi en seguida.
lôs pôliciás lhêgárôn cássi ên sêguidá.
Os policiais chegaram quase em seguida.

Encontraron al ladrón en la calle.
êncôntrárôn ál ládrôn ên lá cálhê.
Encontraram o ladrão na rua.

— ¿Lo pararon?
lô párárôn?
Detiveram-no?

— Seguro. Él protestó,
sêgurô. êl prôtêstô,
Certamente. Ele protestou,

pero cuando lo examinaron
pêrô cuándô lô êcsáminárôn
mas quando o examinaram

encontraron las joyas,
êncôntrárôn lás hôiás.
encontraram as joias.

Entonces lo llevaron a la cárcel.
êntôncês lô lhêbárôn á lá cárcêl.
Então o levaram para a cadeia.

Cuando yo llegué a casa
cuándô djô lhêguê á cássá
Quando eu cheguei em casa

llamé a la policía
lhámê á lá pôliciá
telefonei para a polícia

y ellos me lo explicaron todo.
i êlhôs mê lô êcsplicárôn tôdô.
e eles me explicaram tudo.

Pretérito indefinido: 1ª conjugação

O pretérito indefinido corresponde ao pretérito perfeito do português. Ao aprender as formas deste tempo para a 1ª conjugação, você se tornou capaz de conjugar quase todos os verbos terminados em -ar, neste tempo. No entanto, há alguns verbos que sofrem mudanças em seu radical, para preservar seu som. Por exemplo, o radical do verbo llegar *é* lleg-. *Mas, com a terminação -é, o som do* g *se modificaria. Assim, coloca-se um* u *intermediário para se preservar o seu som (yo* lleguê*).*

Isso ocorre para todos os verbos cujo infinitivo termina em

-gar. *Os verbos de infinitivo terminado em -car fazem a 1ª pessoa do singular do pretérito indefinido em -qué.*

Los verbos que terminan en -*er* o en -*ir*
lôs bêrbôs quê têrminán ên êr ô ên ir
Os verbos que terminam em -er ou em -ir

y también el verbo dar
i támbiên êl bêrbô dár
e também o verbo dar

> **Pretérito indefinido: 2ª e 3ª conjugações**
> A *2ª (-er) e a 3ª (-ir) conjugações formam o pretérito indefinido da mesma maneira. Atenção: o verbo dar, que pertence à 1ª conjugação, segue as mesmas regras que os verbos da 1ª e da 2ª conjugações para formar o pretérito indefinido.*

forman el pretérito indefinido
fôrmán êl prêtêritô indêfinidô
formam o pretérito indefinido

añadiendo las terminaciones
ánhádiêndô lás têrmináciônês
acrescentando as terminações

-í, -iste, -ió, -imos, -isteis, -ieron

a la base del verbo. Así:
á lá bássê dêl bêrbô. ássi:
ao radical do verbo. Assim:

  (yo) — Viví muchos años en México.
  (djô) — bibi mutchôs ánhôs ên mêhicô.
  (eu) — Vivi muitos anos no México.

  (tú) — ¿Vivistes alguna vez en el campo?
  (tu) — bibistês álguná bêss ên êl cámpô?
  (você) — Viveu alguma vez no campo?
  (Ud., él, ella) — ¿En que siglo vivió Colón?

(ustê, êl, êlhá) — ên quê *siglô* bibiô côlôn?
(sr., sra., ele, ela) — Em que século viveu Colombo?

(nosotros, -as) — Vivimos seis meses en aquel departamento.
(**nôssôtrôs, -ás**) — bi**bimôs sêis mêssês ên áquêl dêpártámêntô.**
(nós) — Moramos seis meses naquele apartamento.

(vosotros, -as) — ¿Vivisteis en Argentina?
(**bôssôtrôs, -ás**) — bi**bistêis ên árhêntiná?**
(vocês) — Viveram na Argentina?

(Uds., ellos, -as) — Cortés y Pizzarro vivieron en el siglo dieciseis.
(**ustêdês, êlhôs, êlhás**) — **côrtês i pissárrô bibiêrôn ên êl** *siglô* **diêcissêis.**
(os srs., as sras., eles, elas) — Cortês e Pizarro viveram no século XVI.

Aquí hay un ejemplo con el pretérito indefinido
áqui ái un êhêmplô côn êl prêtêritô indêfinidô
Aqui temos um exemplo com pretérito indefinido

de esta clase de verbos.
dê êstá clássê dê bêrbôs.
desta classe de verbos.

Anoche leí algo
ánôtchê lêi álgô
Ontem à noite li algo

sobre la vida de Cristóbal Colón.
sôbrê lá bidá dê cristôbál côlôn.
sobre a vida de Cristóvão Colombo.

Mudanças no radical dos verbos
Note que alguns verbos da 3ª conjugação, e alguns da 2ª, tais como morir, creer, seguir, oír, leer, *modificam a estrutura de seu radical ao serem conjugados, embora suas terminações permaneçam as mesmas.*

leer	oír	seguir
leí	oí	seguí
leíste	oíste	seguiste
leyó	oyó	siguió
leímos	oímos	seguimos
leísteis	oísteis	seguiesteis
leyeron	oyeron	siguieron

morir	creer
morí	creí
moriste	creíste
murió	creyó
morimos	creímos
moristeis	creísteis
murieron	creyeron

Note que quando mudamos o -i pelo -y não há nenhuma mudança no som, ambos são lidos como -i.

Nació en Genova,
náciô ên hênôbá,
Nasceu em Gênova,

vivió en Portugal y España.
bibiô ên pôrtugál i êspánhá.
viveu em Portugal e Espanha.

Leyó muchos libros sobre viajes
lêiô mutchôs líbrôs sôbrê biáhês
Leu muitos livros sobre viagens

y oyó varios cuentos sobre marineros
i ôiô báriôs cuêntôs sôbrê márinêrôs
e ouviu várias histórias sobre marinheiros

que le convencieron
quê lê cônbênciêrôn
que o convenceram

de la redondez de la tierra.
dê lá rêdôndêss dê lá tiêrrá.
da redondeza da Terra.

Escribió a los reyes de España
êscribiô á lôs rêiês dê êspánhá
Escreveu aos reis espanhóis

y ofreció descubrir una nueva ruta
i ôfrêciô dêscubrir uná nuêbá rutá
e se ofereceu para descobrir uma nova rota

a la India por el oeste.
á lá indiá pôr êl ôêstê.
para a Índia pelo oeste.

Ellos se convencieron también,
êlhôs sê cônbênciêrôn támbiên,
Eles se convenceram também,

y la Reina Isabel hasta ofreció vender sus joyas
i lá rêiná issábêl ástá ôfrêciô bêndêr sus hôiás
e a rainha Isabel ofereceu até vender suas joias

para ayudar a Colón.
párá áiudár á côlôn.
para ajudar Colombo.

Finalmente se reunió dinero
finálmêntê sê rêuniô dinêrô
Finalmente reuniu-se dinheiro

para los gastos de la expedición.
párá lôs gástôs dê lá êxpêdiciôn.
para os gastos com a expedição.

Colón y sus hombres
côlôn i sus ômbrês
Colombo e seus homens

salieron de Palos en tres naves;
sáliêrôn dê *pálôs* ên três *nábês*;
saíram de Palos em três naves;

y emprendieron su viaje
i êmprêndiêrôn su biáhê
e empreenderam sua viagem

a través del Atlántico.
á trábês dêl *átlánticô*.
através do Atlântico.

Después de tres meses vieron tierra
dêspuês dê três *mêssês* biêrôn tiêrrá
Depois de três meses viram terra

y así descubrieron el Nuevo Mundo,
i *ássi* dêscubriêrôn êl nuêbô *mundô*,
e assim descobriram o Novo Mundo,

aunque se creyeron estar en la India.
áunquê sê crêiêrôn êstár ên lá *indiá*.
embora acreditassem estar nas Índias.

Colón murió en Valladolid.
côlôn muriô ên bálhádôli.
Colombo morreu em Valladolid.

En su tumba escribieron:
ên su *tumbá* êscribiêrôn:
Em sua tumba escreveram:

"A Castilla y a León
"á cástílhá i á lêôn
"A Castela e a León

nuevo mundo dió Colón."
nuêbô *mundô* diô côlôn."
novo mundo deu Colombo."

221

Aquí hay algo fácil.
áqui ái álgô fácil.
Aqui há algo fácil.

El pretérito indefinido de *ir* y de *ser* es el mismo:
êl prêtêritô indêfinidô dê ir i dê sêr ês êl mismô:
O pretérito indefinido de ir *e de* ser *é o mesmo:*

fui, fuiste, fue, fuimos, fuisteis, fueron.

Además, hay más de una docena
ádêmás, ái más dê uná dôcêná
Além disso, há mais de uma dúzia

de verbos importantes que forman el pretérito indefinido
dê bêrbôs impôrtántês quê fôrmán êl prêtêritô indêfinidô
de verbos importantes que formam o pretérito indefinido

con las terminaciones
côn lás têrmináciônês
com as terminações

-e, -iste, -o, -imos, -isteis, -ieron (-eron).

Incluyen *andar, conducir, decir,*
incluiên ándár, cônducir, dêcir,
Nestes grupos estão incluídos os verbos andar, conduzir, dizer,

estar, hacer, haber, poder,
êstár, ácêr, ábêr, pôdêr,
estar, fazer, haver, poder,

poner, querer, saber, tener, traer, venir
pônêr, quêrêr, sábêr, tênêr, tráêr, bênir
pôr, querer, saber, ter, trazer, vir

y sus combinaciones.
i sus cômbináciônês.
e suas combinações.

Mudanças no radical dos verbos

Este último grupo de verbos apresenta mudanças em suas raízes, assim como em suas terminações, ao formarem o pretérito indefinido. Aqui são apresentados no infinitivo seguido da conjugação da 1ª pessoa (yo) do pretérito indefinido.

andar *(anduve)*; conducir *(conduje)*; estar *(estuve)*; decir *(dije)*; hacer *(hice)*; haber *(hube)*; poder *(pude)*; poner *(puse)*; querer *(quise)*; saber *(supe)*; tener *(tuve)*; venir *(vine)*; traer *(traje)*.

Nos verbos conducir, decir *e* traer *ocorre a outra pequena mudança em suas terminações na 3ª pessoa do singular: em vez de* -ieron *utiliza-se a terminação* -eron.

Aprendendo estes verbos, você também será capaz de conjugar os derivados deles, como, por exemplo, componer, suponer, exponer, *derivados de* poner.

Ejemplos:
êhêmplôs:
Exemplos:

— ¿Vino alguien?
binô álguiên?
Veio alguém?

— No vino nadie.
nô binô nádiê.
Não veio ninguém.

— ¿Hubo llamadas?
ubô lhámádás?
Houve telefonemas?

— Sí, hubo una.
si, ubô uná.
Sim, houve um.

— ¿Quién llamó?
quiên lhámô?
Quem ligou?

— Llamó el sr. Herrera.
lhámô êl sênhôr êrrêrá.
Ligou o sr. Herrera.

— ¿Qué dijo?
quê *d*ihô?
O que ele disse?

— Que no pudo venir ayer
quê nô *p*udô bênir áiêr
Que não pôde vir ontem

porque estuvo ocupado.
pôr*que* êstubô ôcu*p*ádô.
porque esteve ocupado.

Vino un amigo inesperadamente.
binô un ámigô inêspêrádámêntê.
Chegou um amigo inesperadamente.

Tuvo que ir a otro lugar con él
***tu*bô quê ir á ôtrô lugár côn êl**
Teve de ir a outro lugar com ele

y así le fue imposible venir.
i ássi lê fuê impôssíblê bênir.
e por isso lhe foi impossível vir.

CONVERSAÇÃO: O QUE ACONTECEU NA FESTA

JORGE:
hôrhê:
JORGE:
   ¿Qué tal? ¿Qué hiciste anoche?
   quê tál? quê i*cis*tê á*nô*tchê?
   Tudo bem? O que você fez ontem à noite?

JAIME:
háimê:
JAIME:
   Pues anoche salí con Lolita.
   puês á*nô*tchê sá*li* côn lô*li*tá.
   Bem, ontem à noite saí com Lolita.

JORGE:
   Y ¿qué pasó?
   i quê pá*ssô*?
   E o que aconteceu?

   Pareces bastante preocupado.
   pá*rê*cês bás*tán*tê prêôcu*pá*dô.
   Você parece bastante preocupado.

JAIME:
   Tuve una pelea con ella.
   tu*b*ê u*n*á pê*l*êá côn ê*l*há.
   Tive uma briga com ela.

JORGE:
   ¿Se pelearon? ¿Por qué?
   sê pêlêá*rô*n? pôr quê?
   Vocês brigaram? Por quê?

¿Qué sucedió?
quê sucêdiô?
O que aconteceu?

JAIME:
Fuimos a una fiesta
fuimôs á uná fiêstá
Fomos a uma festa

en casa de Julio,
ên cássá dê huliô.
na casa do Júlio.

Bailamos, cantamos
báilámôs, cántámôs
Dançamos, cantamos

y nos divertimos mucho.
i nôs dibêrtimôs mutchô.
e nos divertimos muito.

No pasó nada inesperado.
nô pássô nádá inêspêrádô.
Não aconteceu nada inesperado.

Hasta que vino Estela.
ástá quê binô êstêlá.
Até chegar a Estela.

Yo bailé unas piezas con ella
djô báilê unás piêssás côn êlhá
Dancei algumas músicas com ela

y conversamos un poco.
i cônbêrsámôs un pôcô.
e conversamos um pouco.

Lola se puso brava.
lôlá sê pussô brábá.
Lola ficou brava.

Quisó regresar a casa en seguida.
quissô rêgrêssár á cássá ên sêguidá.
Quis voltar para casa em seguida.

Cuando la dejé en casa,
cuándô lá dêhê ên cássá,
Quando a deixei em casa,

no me dijo ni siquiera
nô mê dího ni siquiêrá
nem sequer me disse

buenas noches.
buênás nôtchês.
boa-noite.

JORGE:
Y esta mañana
i êstá mánháná
E hoje de manhã

¿no la llamaste por teléfono?
nô lá lhámástê pôr têlêfônô?
você não telefonou para ela?

JAIME:
Desde luego. Hoy la llamé,
dêsdê luêgô, ôi lá lhámê,
Claro. Telefonei-lhe hoje,

pero no pude decir nada.
pêrô nô pudê dêcir nádá.
mas não pude dizer nada.

Cuando oyó mi voz,
cuándô ôiô mi bôss,
Quando ouviu minha voz,

colgó el teléfono.
côlgô êl têlêfônô.
desligou o telefone.

No me dio tiempo ni para decir una palabra.
nô mê diô tiêmpô ni párá dêcir uná pálábrá.
Não me deu tempo nem para dizer uma palavra.

JORGE:
¡Hombre! ¿Por qué no
ômbrê! pôr quê nô
Amigo, por que não

le mandaste flores
lê mándástê flôrês
lhe mandou flores

con una notita?
côn uná nôtitá?
com um bilhete?

¡Vaya! ¡Qué problema!
báiá! quê prôblêmá!
Ora! Que problema!

Pero fue culpa tuya,
pêrô fuê culpá tuiá,
Mas foi culpa sua,

¿no te das cuenta de eso?
nô tê dás cuêntá dê êssô?
você entende isso?

Ella siempre fue muy celosa.
êlhá siêmprê fuê mui cêlôssá.
Ela sempre foi muito ciumenta.

JAIME:
¡Quizá! Pero, ¿qué otra cosa pude hacer?
quissá! *pêrô*, quê *ôtrá* *côssá* *pudê* ácêr?
Talvez! Mas o que mais eu poderia fazer?

Tuve que ser amable con Estela, ¿no?
tubê quê sêr á*má*blê côn êstêlá, nô?
Tive de ser amável com Estela, não é?

TESTE O SEU ESPANHOL

Passe estas sentenças para o espanhol. Marque 10 pontos para cada resposta correta. Veja as respostas abaixo.

1. Eles sabem o que aconteceu ontem? _____

2. A que horas ele chegou? _____

3. Achamos o dinheiro na rua. _____

4. Levei-o à polícia. _____

5. Quem lhe explicou isso? _____

6. Você já viveu no México? _____

7. Nasci em San Juan. _____

8. Ele leu muitos livros interessantes. _____

9. Fomos ao cinema na semana passada. _____

10. O que ele disse quando ligou? _____

Respostas: 1. ¿Saben ellos lo que pasó ayer? 2. ¿A qué hora llegó? 3. Encontramos el dinero en la calle. 4. Lo llevé a la policía. 5. ¿Quién se lo explicó? 6. ¿Vivió Ud. alguna vez en México? 7. Nací en San Juan. 8. Leyó muchos libros interesantes. 9. Fuimos al cine la semana pasada. 10. ¿Qué dijo cuando llamó?

Resultado: _____ %

passo 19 — USO DO CONDICIONAL PARA PEDIDOS E CONVITES

Cuando ofrecemos algo a alguien
cuándô ôfrêcêmôs álgô á álguiên
Quando oferecemos alguma coisa a alguém

frecuentemente usamos el modo condicional:
frêcuêntêmêntê ussámôs êl môdô côndiciônál:
frequentemente usamos o futuro do pretérito:

¿Le gustaría un cigarrillo?
lê gustáriá un cigárrilhô?
Aceitaria um cigarro?

¿No le gustaría una copa?
nô lê gustáriá uná côpá?
Gostaria de algo para beber?

¿Querría un chocolate?
quêrriá un tchôcôlátê?
Aceitaria um chocolate?

Condicional
O condicional é um recurso importante para falar bem o espanhol, usando-se expressões de cortesia e polidez. Para se formar o condicional, acrescentam-se ao infinitivo as terminações -ía, -ías, -ía, -íamos, -íais, -ían. Assim, o condicional do verbo hablar é:

yo hablaría
tú hablarías
él hablaría

nosotros hablaríamos
vosotros hablaríais
ellos hablarían

Os verbos que apresentam irregularidade no futuro, vistos no Passo 17, também as apresentam no condicional. Seguem-se os mais importantes, no infinitivo e na 1ª pessoa do singular: venir (vendría); tener (tendría); salir (saldría); poner (pondría); hacer (haría); haber (habría); saber (sabría); poder (podría); decir (diría); querer (querría); valer (valdría).

Para formar el modo condicional
párá fôrmár êl môdô côndiciônál
Para formar o futuro do pretérito

deben acordarse
dêbên ácôrdársê
vocês devem se lembrar

del sufijo -ía
dêl sufihô iá
do sufixo -ía

que se pone directamente
quê sê pônê dirêctámêntê
que se acrescenta diretamente

al infinitivo
ál infinitíbô
ao infinitivo

o a la base del futuro.
ô á lá bássê dêl futurô.
ou à base do futuro.

El condicional se puede usar
êl côndiciônál sê puêdê ussár
Pode-se usar o condicional

para pedir permiso:
párá pêdir pêrmissô:
para pedir permissão:

    ¿Me permitiría sacar una foto de Ud.?
    mê pêrmitiriá sácár uná fôtô dê ustê?
    Poderia tirar uma foto do senhor?

    ¿Y me sacaría una a mi?
    i mê sácáriá uná á mi?
    E o senhor tiraria uma de mim?

El condicional también se usa
êl côndiciônál támbién sê ussá
Também se usa o condicional

para hacer y, a veces,
párá ácêr i, á bêcês,
para fazer e, às vezes,

rehusar invitaciones:
rêussár inbitáciônês:
recusar convites:

ÉL:
    ¿Te gustaría dar una vuelta
    tê gustáriá dár uná buêltá
    Você gostaria de dar uma volta

    en el auto?
    ên êl áutô?
    de carro?

    Podríamos ir a La Zaragozana
    pôdriámôs ir á lá sárágôssáná
    Poderíamos ir a La Zaragozana

    para almorzar.
    párá álmôrsár.
    para almoçar.

Estoy seguro de que te agradaría.
êstôi sêgurô dê quê tê ágrádáriá.
Tenho certeza de que você gostaria.

ELLA:
Me gustaría aceptar tu invitación
mê gustáriá ácêptár tu inbitáciôn
Eu gostaria de aceitar seu convite

pero hoy no podría...
pêrô ôi nô pôdriá...
mas hoje não poderia...

ÉL:
Entonces, ¿no sería posible mañana?
êntôncês, nô sêriá pôssíblê mánháná?
Então, não seria possível amanhã?

ELLA:
Sí, creo que mañana podría.
si, crêô quê mánháná pôdriá.
Sim, acho que amanhã eu poderia.

Para pedir algo cortesmente:
párá pêdir álgô côrtêsmêntê:
Para pedir alguma coisa polidamente:

— ¿Me haría el favor
mê áriá êl fábôr
Poderia fazer-me o favor

de prestarme veinte bolívares?
dê prêstármê bêintê bôlíbárês?
de me emprestar vinte bolívares?

Se los devolvería
sê lôs dêbôlbêriá
Eu os devolveria

dentro de una semana.
dêntrô dê uná sêmáná.
dentro de uma semana.

— Lo haría con gusto
lô áriá côn gustô
Eu o faria com prazer

pero hoy no tengo.
pêrô ôi nô têngô.
mas hoje não tenho.

— ¡Caramba! ¿No tendría siquiera diez?
cárámbá! nô têndriá siquiêrá diéss?
Caramba! Não teria nem dez?

Para arreglar precios o tarifas:
párá árrêglár prêciôs ô tárifás:
Para acertar preços ou tarifas:

— ¿Cuánto cobraría hasta el aeropuerto?
cuántô côbráriá ástá êl áêrôpuêrtô?
Quanto o senhor cobraria até o aeroporto?

— Le saldría como por 20 pesos.
lê sáldriá cômô pôr bêintê pêssôs.
Sairia por volta de 20 pesos.

— ¡Hombre! ¿No podría hacerme
ômbrê! nô pôdriá ácêrmê
Puxa! não me poderia fazer

un precio mejor?
un prêciô mêhôr?
um preço melhor?

¿Tomaría quince pesos?
tômáriá quincê pêssôs?
Aceitaria 15 pesos?

235

Para indicar lo que se ha dicho
pá*rá* indic*ár* lô quê sê á *di*tchô
Para indicar o que se disse

sobre propósitos futuros:
sô*br*ê prô*pô*ssitôs fu*tu*rôs:
sobre propósitos futuros:

— ¡Hola! ¿Podría hablar con la srta. López?
ô*lá*! pô*dri*á **áblár côn lá sênhôri*tá* *lô*pêss?**
Alô. Poderia falar com a srta. López?

— No está, señor. Salió. Está en la calle.
nô ês*tá*, sê*nhôr*, **sá*li*ô. ês*tá* ên lá *cá*lhê.**
Não está, senhor. Ela saiu.

> **Está en la calle**
> *Literalmente, esta expressão significa "Está na rua". É usada com frequência para informar que alguém não está em casa.*

— ¡Qué raro! Me dijó que
quê *rá*rô! mê *di*hô quê
Que estranho! Ela me disse que

estaría en casa a esta hora.
ês*tá*riá ên *cá*ssá á ês*tá* ô*rá*.
estaria em casa a esta hora.

¿No dijo cuándo volvería?
nô *di*hô *cuán*dô bôl*bê*riá?
Não disse quando voltaria?

— Dijo que tardaría bastante;
di*hô* quê *tár*dá*riá* *bás*tán*tê;
Disse que demoraria bastante;

que iría primero a hacer unas compras
quê i*ri*á pri*mê*rô á *á*cêr **unás *côm*prás**
que iria primeiro fazer umas compras

y después tomaría el té con una amiga,
i dêspués tômáriá êl tê côn uná ámigá,
e depois tomaria chá com uma amiga,

pero que debería regresar a casa
pêrô quê dêbêriá rêgrêssár á cássá
mas que deveria voltar para casa

a eso de las ocho.
á êssô dê lás ôtchô.
por volta das oito.

¿Tendría la bondad
têndriá lá bôndá
Teria a gentileza

de llamar más tarde?
dê lhámár más tárdê?
de chamar mais tarde?

— Bien. Pero ¿me haría el favor
biên. pêrô mê áriá êl fábôr
Tudo bem. Mas poderia fazer o favor

de decirle que llamó el sr. Blanco?
dê dêcirlê quê lhámô êl sênhôr Bláncô?
de dizer-lhe que o sr. Blanco telefonou?

CONVERSAÇÃO: CONVITE PARA ASSISTIR A UM JOGO DE FUTEBOL

— ¿Le gustaría ver
lê gustáriá bêr
Você gostaria de assistir

el partido de fútbol mañana?
êl pártidô dê fuṫbôl mánháná?
à partida de futebol amanhã?

> **Los desportes**
> *Estes são alguns esportes:*
>
> tenis = *tênis*
> golf = *golfe*
> béisbol = *beisebol*
> boxeo = *boxe*
> carreras de caballo = *corridas de cavalo*
>
> *As expressões que seguem serão úteis para você assistir a eventos em países hispano-americanos:*
>
> ¿Quién está ganando? = *Quem está ganhando?*
> ¡Olé! = *Bravo!*
> ¡Que maten al árbitro! = *Morra o juiz!*
> ¡Que nos devuelvan el dinero! = *Queremos o dinheiro de volta!*

— Sí, pero no sé si tendría tiempo.
si, pêrô nô sê si têndriá tiêmpô.
Sim, mas não sei se eu teria tempo.

Tengo trabajo que debería terminar
têngô trábáhô quê dêbêriá têrminár
Tenho trabalho que deveria terminar

antes del lunes.
ántês dêl lunês.
antes de segunda-feira.

— Pero podrías dejar el trabajo
pêrô pôdriá dêhár êl trábáhô
Mas você poderia deixar o trabalho

hasta la noche.
ástá lá nôtchê.
para a noite.

El partido sólo tomaría unas horas.
êl pártidô sólô tômáriá unás ôrás.
A partida só lhe tomaria algumas horas.

Además, Juan dijo que vendría a buscarnos
ádêmás, huán díhô quê bêndriá á buscárnôs
Além disso, João disse que viria nos buscar

en su coche.
ên su côtchê.
em seu carro.

También dijo que no deberíamos dejar de ir
támbiên díhô quê nô dêbêriámôs dêhár dê ir
Também disse que não deveríamos deixar de ir

a ese partido,
á êssê pártidô,
a esse jogo,

que sería el más emocionante
quê sêriá êl más êmôciônántê
que seria o mais emocionante

de la temporada, ya que el campeonato
dê lá têmpôrádá, djá quê êl cámpêô*nátô*
da temporada, já que o campeonato

dependería del resultado.
dêpêndêriá dêl rêssul*tádô*.
dependeria do resultado.

TESTE O SEU ESPANHOL

Preencha as lacunas com o condicional (futuro do pretérito). Marque 10 pontos para cada resposta correta. Veja as respostas no final.

1. O senhor gostaria de um cigarro?

   ¿Le _____ un cigarrillo?

2. Você me faria um favor?

   ¿Me _____ un favor?

3. O senhor me permitiria fumar?

   ¿Me _____ fumar?

4. A senhora poderia passear comigo amanhã?

   ¿_____ Ud. dar una vuelta conmigo mañana?

5. Eu aceitaria, mas não posso ir amanhã.

   Yo _____ , pero mañana no puedo ir.

6. Você me emprestaria dez mil reais?

   ¿Me _____ diez mil reais?

7. O senhor teria tempo de fazer isto?

   ¿_____ tiempo de hacerlo?

8. Eu poderia ligar para você mais tarde?

   ¿_____ llamarlo más tarde?

9. Ele me disse que voltaria logo.

   Me dijo que _____ pronto.

10. Precisaria ir agora.

    _____ irme ahora.

Respostas: 1. gustaría 2. harías 3. permitiría 4. Podría 5. aceptaría 6. prestarías 7. Tendría 8. Podría 9. regresaría 10. Debería.

Resultado: _____ %

passo 20 FORMAÇÃO DO PARTICÍPIO PASSADO E DO PRETÉRITO PERFEITO

Caminhando por una ciudad
cáminándô pôr uná ciudá
Caminhando por uma cidade,

vemos diferentes letreros.
bêmôs difêrêntês lêtrêrôs.
vemos diferentes placas.

Algunos dicen cosas como
álgunôs dicên côssás cômô
Algumas dizem coisas como

    PROHIBIDO ESTACIONAR
    prôibidô êstáciônár
    PROIBIDO ESTACIONAR

    ABIERTO HASTA LAS CINCO
    ábiêrtô ástá lás cincô
    ABERTO ATÉ AS CINCO

    CERRADO LOS DOMINGOS
    cêrrádô lôs dômingôs
    FECHADO AOS DOMINGOS

También oímos frases como
támbiên ôimôs frássês cômô
Também ouvimos frases como

    "Está permitido",
    "êstá pêrmitidô",
    "É permitido",

"Esto está vendido",
"êstô êstá bêndidô",
"Isto está vendido",

"Está roto" o
"êstá rôtô" ô
"Está quebrado" ou

"El vice-presidente está ocupado".
"êl bicê prêssidêntê êstá ôcupádô".
"O vice-presidente está ocupado".

Las palabras *prohibido, abierto, cerrado,*
lás pálábrás prôibidô, ábiêrtô, cêrrádô,
As palavras proibido, aberto, fechado,

vendido, roto y *ocupado*
bêndidô, rôtô i ôcupádô
vendido, quebrado *e* ocupado

son los participios pasados
sôn lôs párticipiôs pássádôs
são os particípios passados

de los verbos *prohibir, abrir,*
dê lôs bêrbôs prôibir, ábrir,
dos verbos proibir, abrir,

cerrar, vender, romper y *ocupar.*
cêrrár, bêndêr, rômpêr i ôcupár.
fechar, vender, quebrar *e* ocupar.

O particípio passado
Forma-se o particípio passado acrescentando-se a terminação -ado ao radical do verbo para os verbos da 1ª conjugação. Para os verbos da 2ª e da 3ª conjugações, acrescenta-se ao radical a terminação -ido.

cerrar — cerrado
vender — vendido
permitir — permitido

> Aqui estão alguns dos principais particípios irregulares da 2ª e da 3ª conjugações: hecho (hacer); puesto (poner); dicho (decir); visto (ver); escrito (escribir); abierto (abrir); roto (romper); vuelto (volver); cubierto (cubrir).

El participio pasado se usa también
êl párticipiô pássádô sê ussá támbiên
Também se usa o particípio passado

para formar los tiempos compuestos
párá fôrmár lôs tiêmpôs cômpuêstôs
para formar os tempos compostos

de los verbos.
dê lôs bêrbôs.
dos verbos.

Aquí, por ejemplo, tenemos el pretérito perfecto de *estar*:
áqui, pôr êhêmplô, tênêmôs êl prêtêritô pêrfêctô dê êstár:
Aqui, por exemplo, temos o pretérito perfeito de estar:

¿Ha estado Ud. aquí antes?
á êstádô ustê áqui ántês?
Já esteve aqui?

No, nunca he estado aquí.
nô, nuncá ê êstádô áqui.
Não, nunca estive aqui.

Hemos estado esperando mucho tiempo.
êmôs êstádô êspêrándô mutchô tiêmpô.
Estivemos esperando por muito tempo.

¿Dónde han estado ultimamente?
dôndê án êstádô ultimámêntê?
Onde têm estado ultimamente?

Pretérito perfecto
Este tempo corresponde ao pretérito perfeito composto do português. Ele indica uma ação do passado que ainda tem relação com o presente. Seu uso às vezes se confunde com o do pretérito indefinido, e geralmente é traduzido pelo próprio pretérito perfeito no português.
O pretérito perfecto é formado pelo presente do verbo haber *mais o particípio passado do verbo principal.*

>   he caminado
>   has caminado
>   ha caminado
>   hemos caminado
>   habéis caminado
>   han caminado

Lembre-se de que não se usa o verbo tener *("ter") para formar este tempo.*

Aquí hay unos ejemplos
áqui ái unôs êhêmplôs
Aqui estão alguns exemplos

del pretérito perfecto
dêl prêtêritô pêrfêctô
do pretérito perfeito

de los verbos que terminan en -ar:
dê lôs bêrbôs quê têrminán ên ár:
dos verbos que terminam em -ar:

>   Yo nunca he estado aquí antes.
>   **djô nuncá ê êstádô áqui ántês.**
>   *Eu nunca estive aqui antes.*

>   ¿Has terminado el trabajo?
>   **ás têrminádô êl trábájô?**
>   *Terminou o trabalho?*

¿Ha llamado alguien esta mañana?
á lhámádô álguiên êstá mánháná?
Telefonou para alguém esta manhã?

No hemos llegado todavía.
nô êmôs lhêgádô tôdábiá.
Não chegamos ainda.

¿Han comprado sus billetes de regreso?
án cômprádô sus bilhêtês dê rêgrêssô?
Compraram suas passagens de volta?

Para la segunda
párá lá sêgundá
Para a segunda

y tercera conjugaciones
i têrcêrá côn-hugáciônês
e terceira conjugações

el participio pasado termina en -ido,
êl párticipiô pássádô têrminá ên idô,
o particípio passado termina em -ido,

excepto algunos verbos
êcsêptô álgunôs bêrbôs
exceto alguns verbos

como *hacer, poner, decir, ver,*
cômô ácêr, pônêr, dêcir, bêr,
como fazer, pôr, dizer, ver,

escribir, abrir y *romper,*
êscribir, ábrir i rômpêr,
escrever, abrir e quebrar,

cuyos participios pasados son:
cuiôs párticipiôs pássádôs sôn:
cujos particípios passados são:

hecho, puesto, dicho, visto,
êtchô, puêstô, ditchô, bistô,
feito, posto, dito, visto,

escrito, abierto, roto.
êscritô, ábiêrtô, rôtô.
escrito, aberto, quebrado.

Algunos ejemplos:
álgunôs êhêmplôs:
Alguns exemplos:

    ¿Cuánto tiempo ha vivido aquí?
    cuántô tiêmpô á bibidô áqui?
    Quanto tempo morou aqui?

    He vivido aquí ocho meses.
    ê bibidô áqui ôtchô mêssês.
    Vivi aqui oito meses.

    ¿Ha leído Don Quijote?
    á lêidô dôn quihôtê?
    O senhor leu Dom Quixote?

    Sí, lo he leído.
    si, lô ê lêidô.
    Sim, eu o li.

Las siguientes frases
lás siguiêntês frássês
As seguintes frases

pueden ser útiles en un viaje:
puêdên sêr utilês ên un biáhê:
podem ser úteis em uma viagem:

    ¿Ha venido el auto?
    á bênidô êl áutô?
    Veio o carro?

¿Ha salido el tren para Rosario?
á sálidô êl trên párá rôssáriô?
O trem para Rosário saiu?

¿Qué ha sucedido?
quê á sucêdidô?
O que aconteceu?

¿Por qué hemos parado?
pôr quê êmôs párádô?
Por que paramos?

Mi equipaje no ha llegado todavía.
mi êquipáhê nô á lhêgádô tôdábiá.
Minha bagagem ainda não chegou.

He perdido la maleta negra.
ê pêrdidô lá málêtá nêgrá.
Perdi a valise preta.

Alguien se ha llevado mi abrigo,
álguiên sê á lhêbádô mi ábrigô,
Alguém levou meu agasalho,

probablemente por equivocación.
prôbáblêmêntê pôr êquibôcáciôn.
provavelmente por engano.

El participio pasado también se emplea
êl párticípiô pássádô támbiên sê êmpléá
O particípio passado também se emprega

con los verbos *ser* y *estar*.
côn lôs bêrbôs sêr i êstár.
com os verbos ser e estar.

Estos ejemplos pueden ser útiles
êstôs êhêmplôs puêdên sêr utilês
Estes exemplos podem ser úteis

cuando Ud. visita museos
cuándô ustê bissitá mussêôs
quando você visita museus

u otros lugares históricos:
u ôtrôs lugárês histôricôs:
ou outros lugares históricos:

    ¿Está abierto el museo hoy?
    êstá ábiêrtô êl mussêô ôi?
    O museu está aberto hoje?

    ¿Cuándo fue construído eso?
    cuándô fuê cônstruídô êssô?
    Quando isto foi construído?

    ¿Fue pintado ese cuadro por Murillo?
    fuê pintádô êssê cuádrô pôr murílhô?
    Este quadro foi pintado por Murillo?

    ¿En qué siglo fue descubierta Sudamérica?
    ên quê siglô fuê dêscubiêrtá sudámêricá?
    Em que século a América do Sul foi descoberta?

CONVERSAÇÃO: O QUE ACONTECEU NO ESCRITÓRIO

UNA SECRETARIA:
uná sêcrêtáriá:
UMA SECRETÁRIA:
    Bienvenido, señor Jaramillo.
    biênbênidô, sênhôr hárámilhô.
    Bem-vindo, sr. Jaramillo.

    Lo hemos extrañado mucho.
    lô êmôs êcstránhádô mutchô.
    Nós sentimos muito a sua falta.

        Atenção:
        O verbo extrañar *tem o sentido de "sentir falta", "sentir saudade".*

EL JEFE:
êl héfê:
O CHEFE:
    Gracias. ¿Qué ha sucedido
    gráciás, quê á sucêdidô
    Obrigado. O que aconteceu

    durante mi ausencia?
    durántê mi áussênciá?
    durante minha ausência?

LA SECRETARIA:
    Bueno. Vamos a ver.
    buênô. bámôs á bêr.
    Bem. Vamos ver.

Esta semana los vendedores han vendido
êstá sêmáná lôs bêndêdôrês án bêndidô
Esta semana os vendedores venderam

dos camiones, siete camionetas
dôs cámiônês, siêtê cámiônêtás
dois caminhões, sete caminhonetes

y una motocicleta.
i uná môtôciclêtá.
e uma motocicleta.

Han pasado el total de ventas
án pássádô êl tôtál dê bêntás
Ultrapassaram o total de vendas

del mes pasado.
dêl mês pássádô.
do mês passado.

EL JEFE:
 ¡No me diga! ¿Ha completado
 nô mê digá! á cômplêtádô
 Não me diga! Preencheu

 todas las facturas
 tôdás lás fácturás
 todas as notas

 para estas ventas?
 párá êstás bêntás?
 para estas vendas?

LA SECRETARIA:
 Desde luego.
 dêsdê luêgô.
 Certamente.

También he depositado
támbié*n* ê dêpôssi*tá*dô
Também depositei

los cheques y el efectivo
lôs *tchê*quês i êl êfêc*tí*bô
os cheques e o dinheiro

en el banco cada día.
ên êl *bán*cô *cá*dá diá.
no banco todos os dias.

EL JEFE:
Veo que Ud. ha trabajado bastante
bêô quê ustê á trá*bá*ḥá*dô* bás*tán*tê
Vejo que você trabalhou bastante

en estos días.
ên ês*tôs* diás.
por estes dias.

LA SECRETARIA:
¡Ya lo creo!
djá lô *cr*êô!
Eu que o diga!

> **¡Ya lo creo!**
> *Esta expressão significa, literalmente, "eu o acredito". Observe o sentido com que é empregada: "eu que o diga!", "pode crer!".*

No he salido de la oficina
nô ê *sá*lidô dê lá ôfi*ci*ná
Não saí do escritório

hasta las siete o las ocho
ás*tá* lás siê*tê* ô lás ô*tchô*
antes das sete ou das oito

en toda la semana.
ên tôdá lá sêmáná.
durante toda a semana.

EL JEFE:
¿La señorita Hernández
lá sênhôritá êrnándêss
A srta. Hernández

no la ha ayudado?
nô lá á áiudádô?
não a ajudou?

LA SECRETARIA:
No, no ha venido
nô, nô á bênidô
Não, não veio

los tres últimos días.
lôs três ultimôs diás.
nos três últimos dias.

Ha estado enferma.
á êstádô ênfêrmá.
Esteve enferma.

EL JEFE:
Lo siento. Dígame,
lô siêntô, digámê,
Sinto muito! Diga-me,

la nueva recepcionista
lá nuêbá rêcêpciônistá
a nova recepcionista

¿ha estado trabajando bien?
á êstádô trábáhándô biên?
tem trabalhado bem?

LA SECRETARIA:
Bueno, a decir la verdad,
buênô, á dêcir lá bêrdá,
Bem, para dizer a verdade,

ha llegado tarde cada mañana
á lhêgádô tárdê cádá mánháná
chegou tarde todas as manhãs

y además ha pasado
i ádêmás á pássádô
e além disso passou

la mayor parte del día
lá máiôr pártê dêl diá
a maior parte do dia

charlando por teléfono.
tchárlándô pôr têlêfônô.
batendo papo ao telefone.

EL JEFE:
A propósito, ¿ha habido
á prôpôssitô, á ábidô
A propósito, houve

llamadas importantes para mi?
lhámádás impôrtántês párá mi?
telefonemas importantes para mim?

LA SECRETARIA:
Hemos llevado una lista.
êmôs lhêbádô uná listá.
Fizemos uma lista.

Una señorita Gloria
uná sênhôritá glôriá
Uma tal senhorita Glória

le ha llamado varias veces.
lê á lhámádô báriás bêcês.
ligou-lhe várias vezes.

Dejó su número
dèhô su numêrô
Deixou seu número

pero no quiso dejar su apellido.
pêrô nô quissô dêhár su ápêlhidô.
mas não quis deixar seu sobrenome.

EL JEFE:
¡Ah, sí! Creo que sé quién es.
á si! crêô quê sê quién ês.
Ah, sim! Acho que sei quem é.

¿Dónde ha puesto mis recados?
dôndê á puêstô mis rêcádôs?
Onde pôs meus recados?

LA SECRETARIA:
En la gaveta de su escritorio. Está cerrada con llave.
ên lá gábêtá dê su êscritôriô. êstá cêrrádá côn lhábê.
Na gaveta de sua escrivaninha. Está trancada com chave.

Nadie los ha leído.
nádiê lôs á lêidô.
Ninguém os leu.

EL JEFE:
Ha sido Ud. muy discreta, señorita Valdés.
á sidô ustê mui discrêtá, sênhôritá báldês.
Você foi muito discreta, srta. Valdés.

Y como ha trabajado tanto
i cômô á trábáhádô tántô
E como você trabalhou tanto

he decidido darle
ê dêci*didô* *dárlê*
decidi dar-lhe

el aumento de sueldo
êl áumêntô dê suêldô
o aumento de salário

del cual hemos hablado antes.
dêl cuál êmôs ábládô ántês.
do qual já havíamos falado.

LA SECRETARIA:
¿De verdad? Mil gracias, jefe.
dê bêr*dá*? mil *gráciás,* *hêfê*.
Verdade? Muito obrigada, chefe.

TESTE O SEU ESPANHOL

Complete cada frase traduzindo do português, mantendo o tempo verbal apresentado. Marque 10 pontos para cada resposta correta. Veja as respostas ao final do exercício.

1. Podemos entrar, la tienda está _____ . (aberta)

2. No es _____ (permitido) fumar aquí.

3. El cuadro ya está _____ . (vendido)

4. ¿_____ (viu) este letrero?

5. No lo conozco, yo no _____ (estive) allí.

6. ¿_____ (fizeram) el trabajo?

7. El Quijote fue _____ (escrito) por Cervantes.

8. ¿Qué _____ (aconteceu) aquí?

9. ¿_____ (terminou) la lección?

10. No podemos venderlo porque está _____ . (quebrado)

Respostas: 1. abierta 2. permitido 3. vendido 4. Ha visto 5. he estado 6. Han hecho 7. escrito 8. ha passado 9. Ha terminado 10. roto.

Resultado: _____%

passo 21 — O PRETÉRITO IMPERFEITO — TEMPO USADO NAS NARRATIVAS

Cuando empleamos expressiones como
cuándô êmplêámôs êcsprêssiônês cômô
Quando empregamos expressões como

"Mi padre siempre decia..."
"mi *pá*drê si*êm*prê dê*ciá*..."
"Meu pai sempre dizia..."

o "Cuando yo era joven..."
ô **"cu*án*dô djô êrá hô*bên*..."**
ou "Quando eu era jovem..."

o "Cuando vivíamos en Cuba..."
ô **"cu*án*dô bi*biá*môs ên cu*bá*..."**
ou "Quando vivíamos em Cuba..."

o "Cuando estábamos en el colegio..."
ô **"cu*án*dô es*tá*bámôs ên êl côlê*hiô*..."**
ou "Quando estávamos no colégio..."

y otras cosas indicando acciones repetidas
i ôtrás côssás indi*cán*dô ácciônês rêpê*ti*dás
e outras coisas indicando ações repetidas

o continuadas en el pasado
ô côntinu*á*dás ên êl pás*sá*dô
ou contínuas no passado,

usamos el tiempo imperfecto.
us*sá*môs êl ti*êm*pô impêr*féc*tô.
usamos o tempo imperfeito.

El pretérito imperfecto
O pretérito imperfecto ou simplesmente imperfecto corresponde exatamente ao pretérito imperfeito do português. Ele é usado para expressar

— *uma ação com certa continuidade, no passado:*
En 1980 yo vivía en México.
Em 1980 eu morava no México.

— *uma ação repetida, no passado:*
Su madre le decía que el era inteligente.
Sua mãe lhe dizia que ele era inteligente.

— *uma ação que ocorre ao mesmo tempo que outra, no passado:*
Yo cantaba quando llegaste.
Eu cantava (estava cantando) quando você chegou.

Para formar el imperfecto
párá fôrmár êl impêrfêctô
Para formar o imperfeito

de la primera conjugación
dê lá primêrá côn-hugáciôn
da primeira conjugação

acuérdese de la combinación -aba.
ácuêrdêssê dê lá cômbináciôn ábá.
lembre-se da terminação -aba.

La primera conjugación: -aba
Pode-se reconhecer o pretérito imperfeito da 1ª conjugação através da desinência -aba.
Veja, por exemplo, o imperfeito do verbo tomar:

    tomaba
    tomabas
    tomaba
    tomábamos
    tomabais
    tomaban

Y para la segunda y tercera conjugaciones
i *pá*rá lá sê*gun*dá i têr*cê*rá côn-hugáciônês
E para a segunda e terceira conjugações

acuérdense de la combinación -ía.
ácuêrdênsê dê lá cômbináciôn iá.
lembrem-se da terminação -ia.

> **Segunda y tercera conjugaciones: -ía**
> *As desinências para a 2ª e para a 3ª conjugações são as mesmas. Assim como o condicional, o imperfeito usa a terminação -ia, só que ligada diretamente à raiz do verbo. O imperfeito de vivir, por exemplo, é:*
>
> vivía
> vivías
> vivía
> vivíamos
> vivíais
> vivían
>
> *Veja algumas exceções:*
> ir: iba, ibas, iba, íbamos, ibais, iban
> ser: era, eras, era, éramos, erais, eran

El imperfecto se usa
êl impêrfêctô sê *u*ssá
O imperfeito se usa

para contar cuentos, recuerdos.
***pá*rá côn*tár* cuêntôs, rêcuêrdôs.**
para contar contos, lembranças.

Cuando yo era joven
cuándô djô êrá *hô*bên
Quando eu era jovem

y vivíamos en Santa Clara,
i bi*bi*ámôs ên *sán*tá *clá*rá,
e vivíamos em Santa Clara,

había una costumbre interesante
ábiá uná côstumbrê intêrêssántê
havia um costume interessante

> **Costumbre**
> *Observe que a palavra* costumbre *é feminina, e não masculina, como "costume" em português.*

que tenía lugar por las noches
quê têniá lugár pôr lás nôtchês
que ocorria à noite

en la plaza principal.
ên lá plássá principál.
na praça principal.

Mientras la banda militar
miêntrás lá bándá militár
Enquanto a banda militar

tocaba en el centro,
tôcábá ên êl cêntrô,
tocava no centro,

las chicas solían pasear
lás tchicás sôlián pássêár
as garotas costumavam passear

en parejas o en grupos
ên párêhás ô ên grupôs
em pares ou em grupos

alrededor de la plaza
álrêdêdôr dê lá plássá
ao redor da praça

en un sentido,
ên un sêntidô,
em um sentido,

mientras que los chicos
miêntrás quê lôs tchicôs
enquanto os garotos

daban la vuelta en el sentido contrario
dábán lá buêltá ên êl sêntidô côntráriô
davam a volta no sentido contrário

o se quedaban parados
ô sê quêdábán párádôs
ou ficavam parados

mirando las chicas pasar.
mirándô lás tchicás pássár.
olhando as garotas passar.

Así es que en su vuelta
ássi ês quê ên su buêltá
Dessa forma, por uma vez

todos los muchachos
tôdôs lôs mutchátchôs
todos os garotos

veían pasar a todas las muchachas
bêián pássár á tôdás lás mutchátchás
viam passar todas as garotas

repetidas veces.
rêpêtidás bêcês.
várias vezes.

Si una muchacha
si uná mutchátchá
Se uma garota

respondía a una sonrisa o a un saludo,
rêspôndiá á uná sônrissá ô á un sáludô,
respondia a um sorriso ou a um cumprimento,

el joven cambiaba de rumbo
êl *hô*bên cámbi*á*bá dê *rum*bô
o jovem mudava de rumo

y continuaba con esta señorita
i côntinu*á*bá côn *ê*stá sênhô*ri*tá
e continuava com esta senhorita

paseando en el sentido contrario.
pássê*á*ndô ên êl sên*ti*dô côn*trá*riô.
passeando no sentido contrário.

Así se formaban parejas.
ássi sê fòr*má*bán pá*rê*hás.
Assim se formavam casais.

Y si las mismas parejas
i si lás *mis*más pá*rê*hás
E se os mesmos casais

continuaban paseando juntas
côntinu*á*bán pássê*á*ndô *hun*tás
continuavam passeando juntos

varias noches,
***bá*riás *nô*tchês,**
várias noites,

la gente consideraba que eran novios.
lá *hê*ntê cônsidê*rá*bá quê *é*rán *nô*biôs.
as pessoas os consideravam namorados.

> **Lembre-se**
> "Novio" (novia) significa "namorado". "Noivo", como consideramos em português, expressa-se pela palavra comprometido.

Las cosas han cambiado
lás *cô*ssás án cámbi*á*dô
As coisas mudaram

desde entonces, ¿verdad?
dêsdê êntôncês, bêr*dá*?
desde então, não é?

Um antigo costume espanhol
Embora este antigo costume aqui descrito já não vigore, em muitas pequenas cidades ele ainda é seguido.

El imperfecto se usa para expresar
êl impêr*fêc*tô sê us*sá* *pá*rá êcsprês*sár*
O imperfeito é utilizado para expressar

una acción continuada
un*á* ácci*ôn* côntinu*á*dá
uma ação contínua

interrumpida por una acción terminada:
intêrrum*pi*dá pôr *u*ná ácci*ôn* têrmin*á*dá:
interrompida por uma ação já terminada:

Estaba dormiendo de lo más tranquilo
êst*á*bá dôrmi*ên*dô dê lô más trán*qui*lô
Estava dormindo tranquilamente

cuando sonó el teléfono.
cu*án*dô sô*nô* êl têlê*fô*nô.
quando tocou o telefone.

Era ese idiota de Gómez
êrá êssê idi*ô*tá dê *gô*mêss
Era o idiota do Gómez

que quería saber el número
quê quê*ri*á sá*bêr* êl *nu*mê*rô*
que queria saber o número

de Gloria Hernández.
dê *glô*riá êr*nán*dêss.
de Gloria Hernández.

Yo le dije que no me gustaba
djô lê *di*hê quê nô mê gus*tá*bá
Eu lhe disse que não gostava

contestar al teléfono
côntês*tár* ál têlêfônô
de atender ao telefone

cuando dormía.
cuándô dôr*mi*á.
enquanto dormia.

CONVERSAÇÃO: REUNIÃO DE FAMÍLIA — RECORDANDO O PASSADO

ÉL:
êl:
ELE:
Al visitar a mis abuelos
ál bissitár á mis ábuêlôs
Ao visitar meus avós

sin duda encontrarás
sin dudá êncôntrárás
sem dúvida você vai perceber

que hablarán mucho de mí.
quê áblárán mutchô dê mi.
que falarão muito de mim.

Contarán como era
côntárán cômô êrá
Contarão como eu era

cuando niño
cuándô ninhô
quando criança

y todo lo que hacía cuando era joven,
i tôdô lô quê áciá cuándô êrá hôbên.
e tudo o que fazia quando era jovem.

ELLA:
êlhá:
ELA:
Eso tendría que ser interesantísimo.
êssô têndriá quê sêr intêrêssántissimô.
Isto deve ser interessantíssimo.

267

LA ABUELA:
lá ábuêlá:
A AVÓ:
  Pablo siempre pasava los veranos
  páblô siêmprê pássábá lôs bêránôs
  Paulo sempre passava os verões

  en nuestra finca.
  ên nuêstrá fincá.
  em nossa fazenda.

> **Finca, rancho o hacienda**
> Finca é uma das palavras para "fazenda" ou "propriedade agrícola". Há outras, como rancho e granja, que corresponderiam ao português "sítio". Hacienda ou estancia, embora tenham as mesmas acepções, sugerem um local no campo que não tem fins lucrativos, mas de lazer.

  Era un muchacho buen mozo
  êrá un mutchátchô buên môssô
  Era um bom garoto

  y muy inteligente,
  i mui intêlihêntê,
  e bastante inteligente,

  pero nos daba mucho que hacer.
  pêrô nôs dábá mutchô quê ácêr.
  mas nos dava muito trabalho.

EL ABUELO:
êl ábuêlô:
O AVÔ:
  Salía a caballo
  sáliá á cábálhô
  Saía a cavalo

  sin decirnos adonde iba.
  sin dêcirnôs ádôndê ibá.
  sem nos dizer aonde ia.

LA ABUELA:
A veces regresaba
á *b*êcês rêgrêss*á*bá
Às vezes voltava

muy tarde de noche.
mui *t*árdê dê n*ô*tchê.
muito tarde da noite.

EL ABUELO:
Siempre le encantaban las corridas.
siêmprê lê ênc*á*nt*á*bán lás côrridás.
Sempre adorava touradas.

Decía que quería
dêc*i*á quê quêr*i*á
Dizia querer

llegar a ser matador algún día.
lhêg*á*r á sêr mát*á*dôr álgun diá.
chegar a ser toureiro algum dia.

LA ABUELA:
Imagínese, una vez
im*á*hinêssê, uná bêss
Imagine só, uma vez

> **¡Imagínese! ¡figúrese!**
> Imaginarse e figurarse *significam "imaginar", e são frequentemente utilizados para formar exclamações, com o sentido de "imagine só!"*.

que lo buscábamos por todas las partes
quê lô busc*á*bámôs pôr tôdás lás pártês
quando o procurávamos por todos os lados

lo encontramos en el corral.
lô êncônt*r*ámôs ên êl côrrál.
o encontramos no curral.

Estava jugando a torero
êstábá hugándô á tôrêrô
Estava brincando de toureiro

con los novillos.
côn lôs nôbílhôs.
com os bezerros.

EL ABUELO:
Era muy travieso pero valiente.
êrá mui trábiêssô pêrô bâliêntê.
Era muito travesso, porém valente.

No tenía miedo de nada.
nô têniá miêdô dê nádá.
Não tinha medo de nada.

LA ABUELA:
Al salir él para los Estados Unidos
ál sálir êl párá lôs êstádôs unidôs
Quando foi para os Estados Unidos

pensábamos que iba a hacer
pênsábámôs quê íbá á ácêr
pensávamos que iria fazer

sólo una corta visita
sôlô uná côrtá bissitá
somente uma curta visita

> **Solo — sólo**
> Solo, *sem acento, significa "só", "sozinho"*; sólo, *com acento, significa "apenas", "somente".*

y que debía regresar pronto.
i quê dêbiá rêgrêssár prôntô.
e que deveria voltar logo.

270

Desde luego no sabíamos
dêsdê luêgô nô sá*b*iámôs
Naturalmente não sabíamos

que iba a casarse
quê *i*bá á cá*ss*ársê
que iria se casar

con una americana...
côn *u*ná ámêricáná...
com uma americana...

EL ABUELO:
   ¡Y con una americana tan encantadora!
   i côn *u*ná ámêricáná tán êncántá*d*ôrá!
   E com uma americana tão encantadora!

   Siempre queríamos conocerla en persona.
   siêmprê quêriámôs cônôcêrlá ên pêrsôná.
   Sempre quisemos conhecê-la pessoalmente.

LA ABUELA:
   Vengan, hijos mios.
   bêngán, *i*hôs miôs.
   Venham, meus filhos.

   Está servida la comida.
   ês*t*á sêr*b*idá lá cômidá.
   A comida está servida.

   Al saber la cocinera
   ál sá*b*êr lá côcinêrá
   Quando a cozinheira soube

   que Pablo venía
   quê *p*áblô bêniá
   que Paulo vinha

preparó un cabrito guisado.
prêpárô un cábritô guissádô.
preparou um guisado de cabrito.

A Pablo le gustaba tanto
á páblô lê gustábá tántô
Paulo gostava muito

cuando era niño.
cuándô êrá ninhô.
quando era criança.

ELLA:
Bueno, me enteré de muchas cosas
buênô, mê êntêrê dê mutchás côssás
Bem, fiquei sabendo muitas coisas

acerca de ti y de tus hazañas
ácêrcá dê ti i dê tus ássánhás
acerca de você e de suas façanhas

que no conocía antes.
quê nô cônôciá ántês.
que não conhecia antes.

Pero, ¡dime tú!
pêrô, dimê tu!
Mas diga-me!

¿Cómo voy a preparar un cabrito guisado?
cômô bôi á prêpárár un cábritô guissádô?
Como eu vou preparar um guisado de cabrito?

TESTE O SEU ESPANHOL

Faça a correspondência entre estas sentenças. Marque 10 pontos para cada resposta correta. Veja as respostas abaixo.

1. Eu cantava. __ Vivían aquí.

2. Você estava dançando. __ Había una chica allí.

3. Moravam aqui. __ Dormía cuando él llamó.

4. Íamos lá. __ Había parejas bailando.

5. Eu o conhecia. __ Eran las dos cuando llegué.

6. Havia uma garota lá. __ Yo cantaba.

7. Estava dormindo quando ele ligou. __ Tenía cinco años cuando fui al colégio.

8. Eram duas da manhã quando cheguei. __ Lo conocía.

9. Tinha cinco anos quando fui à escola. __ Bailabas.

10. Havia casais dançando. __ Íbamos allí.

Respostas: 3, 6, 7, 10, 8, 1, 9, 5, 2, 4.

Resultado: _____ %

passo 22 O MAIS-QUE-PERFEITO E O FUTURO PERFEITO

Las formas del imperfecto de *haber*,
lás fôrmás dêl impêrfêctô dê ábêr,
As formas do imperfeito de haver,

había, habías, había, habíamos, habíais, habían

se combinan
sê cômbinán
combinam-se

con el participio pasado
côn êl párticipiô pássádô
com o particípio passado

para formar otro tiempo,
párá fôrmár ôtrô tiêmpô,
para formar outro tempo,

el pluscuamperfecto.
êl pluscuámpêrfêctô.
o mais-que-perfeito.

> ***Um nome longo, um tempo fácil***
> *Este tempo verbal, o* pluscuamperfecto *(mais-que-perfeito), tem um nome quase mais longo do que o tempo que se leva para explicar como utilizá-lo. Ele indica uma ação que já estava realizada num momento passado. Usa-se apenas o verbo* haber *como auxiliar mais o particípio do verbo principal.*

Ejemplos:
êhêmplôs:
Exemplos:

Cuando llegamos a la estación
cuándô lhêgámôs á lá êstáción
Quando chegamos à estação,

el tren ya había partido,
êl trên djá ábiá pártidô.
o trem já havia partido.

Ya nos habíamos acostado
djá nôs ábiámôs ácôstádô
Já havíamos deitado

cuando Victor vino de visita.
cuándô bictôr binô dê bissitá.
quando Víctor veio de visita.

Anoche cuando fui a tu casa
ánôtchê cuándô fui á tu cássá
Ontem à noite, quando fui à tua casa,

me dijeron que habías salido con otro.
mê dihêrôn quê ábiás sálidô côn ôtrô.
me disseram que havias saído com outro.

Antes de ver a los españoles
ántês dê bêr á lôs êspánhólês
Antes de ver os espanhóis

los aztecas nunca habían visto
lôs ástêcás nuncá ábián bistô
os astecas nunca haviam visto

a hombres blancos.
á ômbrês bláncôs.
homens brancos.

La siguiente narración mostrará claramente
lá siguiêntê nárráciôn môstrárá clárámêntê
A narração que segue mostrará claramente

como se usa este tiempo
cômô sê ussá êstê tiêmpô
como se usa este tempo

en la conversación:
ên lá cônbêrsáciôn:
na conversação:

> Ya habíamos terminado la cena
> **djá ábiámôs têrminádô lá cêná**
> *Já havíamos terminado a janta*
>
> y estábamos en la sala
> **i êstábámôs ên lá sálá**
> *e estávamos na sala*
>
> cuando de repente oímos un grito
> **cuándô dê rêpêntê ôimôs un gritô**
> *quando de repente ouvimos um grito*
>
> que venía del jardín.
> **quê bêniá dêl hárdin.**
> *que vinha do jardim.*
>
> Al salir, encontramos
> **ál sálir, êncôntrámôs**
> *Ao sair, descobrimos*
>
> que la sirvienta que estaba allí
> **quê lá sirbiêntá quê êstábá álhi**
> *que a empregada que estava ali*
>
> había visto una sombra detrás de un árbol
> **ábiá bistô uná sômbrá dêtrás dê un árbôl**
> *havia visto uma sombra atrás de uma árvore*

y creía que era un intruso
i crêiá quê êrá un in*tru*ssô
e achava que era um intruso

que había subido por la pared
quê ábiá su*bi*dô pôr lá párêd
que havia subido pela parede

y que iba a entrar en la casa.
i quê íbá á ên*trár* ên lá cássá.
e que ia entrar na casa.

La pobrecita tenía mucho miedo;
lá pôbrêcitá têniá *mu*tchô miêdô;
A pobrezinha tinha muito medo;

y aunque le asegurábamos
i áunquê lê ássêgurábámôs
embora lhe garantíssemos

que no había nadie allí,
quê nô ábiá *ná*diê *ál*hi,
que não havia ninguém ali,

seguía de lo más nerviosa.
sêguiá dê lô más nêrbiôssá.
continuava bastante nervosa.

Parece que había leído un artículo
párêcê quê ábiá lêidô un ártículô
Parece que havia lido um artigo

en la prensa
ên lá *prên*sá
no jornal

sobre un ladrón que entraba
sôbrê un ládrôn quê ên*trá*bá
sobre um ladrão que entrava

277

en las casas de noche
ên lás *cás*sás dê *nô*tchê
nas casas à noite

subiendo por las paredes de los jardines.
subi*ên*dô pôr lás *pá*rêdês dê lôs *hár*dinês.
subindo pelas paredes dos jardins.

Diferentes tempos da ação
Esta pequena narração ilustra a relação que existe entre os diferentes passados: o imperfeito mostra uma ação que estava acontecendo em determinado tempo; o grito repentino, que aconteceu apenas uma vez em determinado instante, é dito no pretérito perfeito; e o fato de a garota pensar ter visto alguém sobre quem ela havia lido está, logicamente, no pretérito mais-que-perfeito.

¡Socorro!
Para casos de emergência, aqui temos algumas palavras--chave:

Socorro! = ¡Socorro!
Fogo! = ¡Fuego!
Cuidado! = ¡Cuidado!
Rápido! = ¡Rápido!
Pega ladrão! = ¡Al ladrón!
Aqui vai ele! = ¡Allí vá!
Pare! = ¡Alto!

Como el pluscuamperfecto indica
cômô êl pluscuámpêr*fêc*tô in*di*cá
Como o mais-que-perfeito indica

una acción ya terminada en el pasado,
uná ácci*ôn* djá têrmi*ná*dá ên êl pás*sá*dô,
uma ação já terminada no passado,

el futuro perfecto indica
êl futurô pêr*fêc*tô in*di*cá
o futuro perfeito indica

una acción terminada en el futuro.
uná ácciôn têrminádá ên êl futurô.
uma ação terminada no futuro.

Se forma con el futuro del verbo *haber*
sê fôrmá côn êl futurô dêl bêrbô ábêr
Forma-se com o futuro do verbo haver

y el participio pasado. Así:
i êl párticipiô pássádô, ássi:
e o particípio passado. Assim:

¿Cree Ud. que ya habrán terminado de comer?
crêê ustê quê djá ábrán têrminádô dê cômêr?
Você acha que eles já terão terminado de comer?

Para la semana próxima ya habré recibido
párá lá sêmáná prôcsimá djá ábrê rêcibidô
Na próxima semana já terei recebido

> **Uma ação que já terá acontecido**
> O particípio é utilizado com o futuro do verbo haver para formar o futuro perfeito. Aqui está a conjugação do verbo recibir, *correspondendo a "terei recebido":*
>
> habré recibido
> habrás recibido
> habrá recibido
> habremos recibido
> habréis recibido
> habrán recibido

mis notas de los exámenes finales.
mis nôtás dê lôs êcsámênês finálês.
minhas notas dos exames finais.

En su próximo aniversario habrán cumplido
ên su prôcsimô ánibêrsáriô ábrán cumplidô
Em seu próximo aniversário terão completado

veinte años de casados.
bêintê ánhôs dê cássádôs.
vinte anos de casados.

La conversación siguiente muestra
lá cônbêrsáciôn siguiêntê muêstrá
O seguinte diálogo mostra

como este tiempo sirve
cômô êstê tiêmpô sirbê
como este tempo serve

para expresar cosas que
párá êcsprêssár côssás quê
para expressar coisas que

habrán ocurrido en el futuro.
ábrán ôcurridô ên êl futurô.
terão ocorrido no futuro.

CONVERSAÇÃO: O PROGRESSO DA CIÊNCIA

FULANO:
fulánô:
FULANO:
En cien años
ên ciên ánhôs
Em cem anos

¿qué cambios habrán ocurrido?
quê *cámbiôs ábrán* ôcurridô?
que mudanças terão ocorrido?

MENGANO:
mêngánô:
CICRANO:
Sin duda muchos ya habrán hecho
sin *dudá mutchôs* djá *ábrán* êtchô
Sem dúvida muitos já terão feito

viajes a la luna.
bi*á*hês á lá *luná*.
viagens à lua.

Habremos establecido colonias en los otros planetas.
***ábrêmôs* êstáblêcidô côlôniás ên lôs ôtrôs plánêtás.**
Teremos estabelecido colônias nos outros planetas.

Los científicos habrán descubierto
lôs ciêntificôs *ábrán* dêscubiêrtô
Os cientistas terão descoberto

nuevos métodos de alimentación.
nuêbôs métôdôs dê álimêntáción.
novos métodos de alimentação.

El progreso de la medicina
êl prôgrêssô dê lá mèdiciná
O progresso da medicina

habrá prolongado la vida.
ábrá prôlôngádô lá bidá.
terá prolongado a vida.

El uso de los computadores
êl ussô dê lôs cômputádôrês
O uso dos computadores

habrá cambiado el sistema de educación.
ábrá cámbiádô êl sistêmá dê êducácíôn.
terá modificado o sistema educacional.

ZUTANO:
sutánô:
BELTRANO:
Quizá. ¿Pero cree Ud. que habrán encontrado
quissá. pêrô crêê ustê quê ábrán êncôntrádô
Talvez. Mas você acredita que terão encontrado

un medio de reducir los impuestos?
un mêdiô dê rêducir lôs impuêstôs?
um meio de reduzir os impostos?

> **Fulano**
> *Os três nomes utilizados na conversa anterior (Fulano, Mengano e Zutano) correspondem a "Fulano", "Cicrano" e "Beltrano", nomes usados quando se fala de pessoas indeterminadas ou cujos nomes não se conhecem nem vêm ao caso.*

TESTE O SEU ESPANHOL

Preencha as lacunas com formas do pretérito mais-que-perfeito ou do futuro perfeito. Marque 10 pontos para resposta correta. Veja as respostas no final.

1. Cuando llegamos al café él _____ .
   (sair)

2. Pensaba que yo _____ mi cartera.
   (perder)

3. Pero un policía me llamó diciéndome que la _____.
   (encontrar)

4. Cuando llegó a su casa le dijeron que ella _____
   para Acapulco.   (partir)

5. Queríamos conocerlo porque _____ su último libro.
                                (ler)

6. Ellos no sabían que yo _____ en España.
                          (viver)

7. Mañana él _____ el cheque.
             (receber)

8. Dentro de dos años ellos _____ sus diplomas.
                             (receber)

9. En poco tiempo los astronautas _____ bases en la luna.
                                   (estabelecer)

10. Cuándo cree que nosotros_____el trabajo?
                         (terminar)

Respostas: 1. había partido 2. había perdido 3. había encontrado 4. había partido 5. habíamos leído 6. había vivido 7. habrá recibido 8. habrán recibido 9. habrán establecido 10. habremos terminado.

                                    Resultado: _____%

284

passo 23 — USO DO SUBJUNTIVO

El subjuntivo presente es fácil
êl suhun*tí*bô prê*ss*êntê ès *fácil*
O subjuntivo presente é fácil

porque ya sabe Ud. como se forma,
pôr*que* djá *sá*bê ustê *cô*mô sê *fô*rmá,
porque você já sabe como se forma,

puesto que el verbo tiene la misma forma
puê*s*tô quê êl bêrbô tiênê lá *mi*smá *fô*rmá
uma vez que o verbo tem a mesma forma

que se usa para dar ordenes:
quê sê *u*ssá *pá*rá dár ôrdênês:
que se usa para dar ordens:

¡Entre! ¡Veja aquí! ¡Siéntese!
êntrê! *bê*há *á*qui! siêntêssê!
Entre! Veja aqui! Sente-se!

Tome un cigarillo. ¡Dígame!
***tô*mê un cigár*ri*lhô. digámê!**
Pegue um cigarro. Diga-me!

El subjuntivo presente se usa
êl suhun*tí*bô prê*ss*êntê sê *u*ssá
Usa-se o subjuntivo presente

en frases que expresan deseo.
ên *frá*ssês quê êcs*prê*ssán dê*ss*êô.
em frases que expressam desejo.

Quieren que vayamos a la fiesta.
quiêrên quê báiámôs á lá fiêstá.
Querem que vamos à festa.

Espero que no llueva.
ês*pêr*ô quê nô lhuêbá.
Espero que não chova.

Nos piden que lleguemos temprano
nôs *pi*dên quê lhêguêmôs têm*prá*nô
Pedem-nos que cheguemos cedo

y que llevemos la guitarra.
i quê lhêbêmôs lá gui*tá*rrá.
e que levemos o violão.

> ### O presente do subjuntivo
> *O subjuntivo é um modo que inclui vários tempos verbais. Por enquanto, estamos examinando o presente. O presente do subjuntivo é formado a partir da 1ª pessoa do singular (yo) do presente do indicativo. Substitui-se sua terminação -o por -e, na 1ª conjugação, e por -a na 2ª e na 3ª conjugações. As vogais -e e -a, respectivamente, mantêm-se para todas as pessoas.*
> *Assim, para a 1ª conjugação, as terminações do presente do subjuntivo são: -e, -es, -e, -emos, -éis, -en.*
>
> *infinitivo:* hablar
> *presente do indicativo:* hablo
> *presente do subjuntivo:* hable, hables, hable, hablemos, habléis, hablen
>
> *Para a 2ª e a 3ª conjugações temos as terminações: -a, -as, -a, -amos, -ais, -an.*
>
> *infinitivo:* partir
> *presente do indicativo:* parto
> *presente do subjuntivo:* parta, partas, parta, partamos, partáis, partan

Quando a forma para yo *no presente do indicativo termina em* -go, *o* g *se mantém no presente do subjuntivo para todas as pessoas, acompanhando as devidas terminações.*

    infinitivo: salir
    presente do indicativo: salgo
    presente do subjuntivo: salga, salgas, salga, salgamos,
                                   salgáis, salgan

María quiere que yo cante
máriá quiêrê quê djô cán tê
Maria quer que eu cante

y que Ud. toque la guitarra.
i quê ustê tôquê lá guitárrá.
e que você toque violão.

No quieren que nos vayamos temprano.
nô quiêrên quê nôs báiámôs têmpránô.
Não querem que a gente vá embora logo.

Insisten en que nos quedemos hasta el fin.
insistên ên quê nôs quêdêmôs ástá êl fin.
Insistem para que fiquemos até o fim.

El subjuntivo se usa con expressiones
êl suhuntíbô sê ussá côn êcsprêssiônês
O subjuntivo é utilizado em expressões

para pedir permiso.
párá pêdir pêrmissô.
usadas para pedir permissão.

    ¿Está bien que yo fume?
    êstá biên quê djô fumê?
    Não tem importância que eu fume?

    ¿Permite Ud. que tome una foto?
    pêrmitê ustê quê tômê uná fôtô?
    Você me permite tirar uma foto?

Con expressiones indicando emoción o duda:
côn êcsprêssiônês indic*ándô* êmôciôn ô *dudá*:
Com expressões que indicam emoção ou dúvida:

— Me alegra que haya venido.
mê *álêgrá* quê *áiá* bê*nidô*.
Fico contente que você tenha vindo.

Siento mucho que su esposa esté enferma.
siêntô *mutchô* quê su ês*pôssá* êstê ênfêrmá.
Sinto muito que sua esposa esteja doente.

Espero que mejore muy pronto.
êspêrô quê mêhôrê *mui prôntô*.
Espero que melhore logo.

— Gracias; no creo que sea nada grave.
gráciás; nô crêô quê *séá nádá* grábê.
Obrigado. Acho que não é nada grave.

Pero temo que tenga que guardar cama.
pêrô têmô quê têngá quê guár*dár cámá*.
Mas receio que ela tenha de ficar de cama.

— Es una lástima que no haya podido acompañarlo.
ês *uná lástimá* quê nô *áiá* pô*didô* ácômpánhárlô.
É uma pena que não tenha podido acompanhá-lo.

> ***O perfeito do subjuntivo***
> *Note a diferença entre* siento que no pueda venir *e* siento que no haya podido venir. *O segundo exemplo é uma frase que utiliza o perfeito do subjuntivo, formado simplesmente pelo verbo* haber *no presente do subjuntivo mais o particípio passado do verbo principal.*

Quizá pueda venir la semana próxima.
quissá puêdá bênir lá sêmáná prôcsimá.
Talvez possa vir semana que vem.

288

El subjuntivo se usa
êl suhun*tí*bô sê *u*ssá
O subjuntivo se usa

con expresiones impersonales
côn êcsprêssiônês impêrsô*ná*lês
com expressões impessoais

y con ciertos adverbios.
i côn ciêrtôs ád*bêr*biôs.
e com certos advérbios.

— Es necesario que nos llamen temprano
ês nêcê*ssá*riô quê nôs *lhá*mên têm*prá*nô
É necessário que nos chamem cedo

a fin de que tengamos tiempo
á fin dê quê tên*gá*môs tiêm*pô*
para que tenhamos tempo

de hacer las maletas.
dê á*cêr* lás *má*lêtás.
de fazer as malas.

Es importante que estemos
ês impôr*tán*tê quê êstêmôs
É importante que estejamos

en el aeropuerto
ên êl áêrôpuêrtô
no aeroporto

una media hora antes de la hora de salida.
u*ná* mêdiá ôrá *án*tês dê lá ôrá dê *sá*lidá.
uma meia hora antes da partida.

Antes de que podamos subir al avión
***án*tês dê quê pô*dá*môs su*bir* ál ábiôn**
Antes que possamos subir ao avião

es menester que pesen el equipaje.
ês mênês*tê*r quê *pê*ssên êl êqui*pá*hê.
é necessário que pesem a bagagem.

— Pero, ¿para qué tanta prisa?
pêrô, *pá*rá quê *tá*ntá *pri*ssá?
Mas para que tanta pressa?

Aunque lleguemos tarde
áunquê lhêguêmôs *tá*rdê
Mesmo que cheguemos tarde,

es probable que haya otro vuelo más tarde.
ês prô*bá*blê quê áiá ôtrô bu*ê*lô más *tá*rdê.
é provável que haja outro voo mais tarde.

— ¿Ud. cree? También es posible que no haya.
ustê crêê? támbiên ês pô*ssí*blê quê nô áiá.
Acha? É bem possível que não haja nenhum outro.

El subjuntivo se usa
êl suhun*tí*bô sê *u*ssá
O subjuntivo se usa

con expresiones de tiempo indefinido:
côn êcsprêssiônês dê ti*ê*mpô indê*fi*nidô:
com expressões de tempo indefinido:

Cuando vaya a Madrid verá cosas muy bellas.
cu*á*ndô *bá*iá á *má*dri bêrás côssás mui bêlhás.
Quando você for a Madri, verá coisas muito belas.

Cuando vuelva tendrá que contármelo todo.
cu*á*ndô bu*ê*lbá tên*drá* quê côn*tá*rmêlô *tó*dô.
Quando voltar, terá de me contar tudo.

El día que regrese, llámeme.
êl *dí*a quê rêgrêssê, lhámêmê.
O dia que você voltar, telefone-me.

CONVERSAÇÃO: CONFLITO DE GERAÇÕES

EL PADRE:
êl *pádrê*:
O PAI:
  Me apena que Marcos
  mê *ápênã* quê *márcôs*
  Acho uma pena que Marcos

  no reciba mejores notas
  nô *recíbá* mêhôrês *nôtás*
  não tenha melhores notas

  en el colegio.
  ên êl *côlêhiô*.
  no colégio.

  Tengo miedo de que vaya a tener dificultades
  têngô miêdô* dê quê *báiá á tênêr* dificul*tádês
  Temo que possa vir a ter dificuldades

  cuando vengan los exámenes de bachillerato.
  ***cuándô bêngán* lôs êcs*ámênês* dê *bátchilhêrátô*.**
  quando cheguem os exames finais.

> **Bachillerato**
> *Note que* bachillerato *em espanhol corresponde ao término do 2º grau. Para os que terminam o curso superior, o grau concedido é o de* graduado.

  Es importante que estudie más
  ês impôr*tántê* quê ês*tudiê* más
  É importante que ele estude mais

y que no pase todo su tiempo
i quê nô *pássê* tôdô su tiêmpô
e que não passe todo seu tempo

en el cine o yendo a los teatros.
ên êl *cinê* ô iêndô á lôs têátrôs.
no cinema ou indo aos teatros.

LA MADRE:
lá *mádrê*:
A MÃE:
Pero no es para tanto.
pêrô nô ês párá tántô.
Também não é para tanto.

Yo no dudo de que tenga éxito
djô nô *dudô* dê quê têngá êcsitô
Não duvido de que tenha êxito

en los exámenes.
ên lôs êc*sá*mênês.
nos exames.

EL PADRE:
No hay "pero" que valga.
nô ái "pêrô" quê bálgá.
Não tem desculpa.

> **No hay "pero" que valga**
> *Essa expressão equivale ao português "não tem porém" ou "sem mas nem poréns" — ou seja, "não tem desculpa".*

Cuando él regrese a casa
cuándô êl rêgrêssê á *cá*ssá
Quando ele regressar a casa,

quiero que tú le digas que quiero verlo
quiêrô quê tu lê *di*gás quê quiêrô bêrlô
quero que você lhe diga que quero vê-lo

para que me explique su última boleta.
pá*rá* quê mê êcs*pliquê* su *u*ltimá bôlêtá.
para que me explique o seu último boletim.

No puedo permitir que él continúe tan flojo
nô puêdô pêrmi*tir* quê êl côntinuê tán *fl*ôhô
Não posso permitir que ele continue tão relaxado

en sus estudios,
ên sus ês*tu*diôs,
com seus estudos,

ni que sea tan negligente.
ni quê *seá* tán nêgli*hê*ntê.
nem que seja tão negligente.

LA MADRE:
Oye, Marcos —
ôiê, *már*côs —
Escute, Marcos —

Tu papá está muy enojado
tu pá*pá* êstá *mu*i ênôhádô
Seu pai está irritado

de que hayas recibido malas notas.
dê quê *á*iás rêci*bi*dô *má*lás *nô*tás.
com as notas que você tirou.

Es necesario que vayas a verlo.
ês nêcês*sá*riô quê *bá*iás á *bê*rlô.
É necessário que você vá vê-lo.

> **O modo de tratamento familiar tú**
> *Embora já tenhamos estudado a 2ª pessoa do singular em diferentes tempos e modos verbais, ele não foi muito explorado nos exemplos dados. Aqui, contudo, em um diálogo entre mãe e filho, é a forma de tratamento mais apropriada.*

EL HIJO:
êl íhô:
O FILHO:
  ¿Para qué?
  párá quê?
  Para quê?

  Cuando me vea, sin duda me hablará
  cuándô mê bêá, sin dudá mê áblárá
  Quando me vir, sem dúvida falará

  sobre lo que él quiere que yo haga,
  sôbrê lô quê êl quiêrê quê djô ágá,
  sobre o que quer que eu faça,

  sobre la carrera que él quiere que yo siga,
  sôbrê lá cárrêrá quê êl quiêrê quê djô sigá,
  sobre a carreira que ele quer que eu siga,

  sobre la vida que él quiere que yo lleve.
  sôbrê lá bidá quê êl quiêrê quê djô lhêbê.
  sobre a vida que ele quer que eu tenha.

  Mi ambición es llegar a ser
  mi ámbiciôn ês lhêgár á sêr
  Minha ambição é chegar a ser

  director de cine.
  dirêctôr dê cinê.
  diretor de cinema.

  En la vida quiero hacer
  ên lá bidá quiêrô ácêr
  Na vida quero fazer

  lo que me dé la gana
  lô quê mê dê lá gáná
  o que me der vontade

sin que él siempre me mande.
sin quê êl siêmprê mê *mándê*.
sem que ele sempre esteja mandando em mim.

LA MADRE:
¡Ay, Dios! No hables así, hijo.
ái, diôs! nô *áblês ássi, íhô*.
Meu Deus! Não fale assim, filho.

Bien sabes que tu padre
biê*n sábês* quê tu *pádrê*
Você bem sabe que seu pai

quiere todo para ti
quiêrê *tôdô pá*rá ti
quer tudo para você

y para Eduardo.
i *pá*rá êdu*árdô*.
e para Eduardo.

Quiere que Uds. se gradúen,
quiêrê quê ust*ê*dês sê *grá*du*ê*n,
Quer que vocês se formem,

> **O plural de tú**
> O plural de tú é vosotros. *Na América Latina esta forma é raramente usada, preferindo-se Uds., como plural da 2ª pessoa. Uma explicação mais detalhada será dada no Passo 25.*

que reciban su grado de bachillerato
quê rêc*í*bán su *grá*dô dê bátchilhêr*á*tô
que terminem o segundo grau

y que sigan a la universidad.
i quê *si*gán á lá unibêrsi*dá*.
e que frequentem a universidade.

Tu padre siempre quería que Eduardo llegara a ser médico
tu *pádrê* siêmprê quêriá quê êduárdô lhêgárá á sêr *mêdicô*
Seu pai sempre quis que Eduardo chegasse a ser médico

O imperfeito do subjuntivo
Outro tempo do modo subjuntivo é o imperfeito. Quando o verbo que introduz o subjuntivo está no passado, o subjuntivo também deve estar no passado — portanto, no imperfeito. Compare:

Su padre no quiere que él fume. = *Seu pai não quer que ele fume.*
Su padre no quería que él fumava. = *Seu pai não queria que ele fumasse.*

O imperfeito do subjuntivo é formado acrescentando-se ao radical do verbo do perfeito do indicativo as terminações:
   -ase, -ases, -ase, -asemos, -aseis, -asen *ou*
   -ara, -aras, -ara, -aramos, -aréis, -aran, *para a 1ª conjugação;*
e
   -iese, -ieses, -iese, -iésemos, -ieseis, -iesen *ou*
   -iera, -ieras, -iera, -iéramos, -ierais, -ieran, *para a 2ª e a 3ª conjugações.*

Há, portanto, duas formas do imperfeito do subjuntivo, cujo uso é indiferente. Assim:

tomar	partir
que yo tomase	que yo partiese
tomara	partiera
que tú tomases	que tú partieses
tomaras	partieras
que él tomase	que él partiese
tomara	partiera
que nosotros tomásemos	que nosotros partiésemos
tomáramos	partiéramos
que vosotros tomaseis	que vosotros partieseis
tomarais	partierais
que ellos tomasen	que ellos partiesen
tomaran	partieran

Você já viu antes um dos usos do imperfeito do subjuntivo do verbo querer (quisiera), *que é uma forma polida de pedir alguma coisa e corresponde a "gostaria".*
Os verbos irregulares no pretérito do indicativo também o são no imperfeito do subjuntivo. Veja alguns deles: saber (supiera); querer (quisiera); venir (viniera); poder (pudiera); poner (pusiera); tener (tuviera); estar (estuviera); haber (hubiera); decir (dijera); ser (fuera); ir (fuera); trajer (trajera).

y que tú fueras abogado como él.
i quê tu fuêrás ábôgádô cômô êl.
e que você fosse advogado como ele.

EL HIJO:
Bien lo sé.
biê*n* lô sê.
Bem o sei.

Pero entre lo que yo quiero hacer
pêrô ê*n*trê lô quê djô quiêrô ácêr
Mas entre o que eu quero fazer

y lo que él quiere que yo haga
i lô quê êl quiêrê quê djô ágá
e o que ele quer que eu faça

hay la mar de diferencia.
ái lá már dê difêrênciá.
há um mar de diferença.

¡Que me deje en paz!
quê mê *d*êhê ên páss!
Ele que me deixe em paz!

LA MADRE:
¡Cielos! ¡Qué cosas!
ciêlôs! quê cóssás!
Céus! Que coisa!

297

Qué diferente era la vida
quê difêrêntê êrá lá bidá
Como a vida era diferente

cuando yo era joven.
cuándô djô êrá *hô*bên.
quando eu era jovem.

Nunca les hablaba uno así
nuncá lês áblábá unô ássi
Ninguém nunca falava assim

a sus padres.
á sus pádrês.
com seus pais.

Relembrando o imperativo

Agora você pode observar que a 3ª pessoa do singular, a primeira do plural e a 3ª do plural do imperativo têm suas formas iguais às do presente do subjuntivo. E o imperativo negativo da 2ª pessoa do plural (vosotros) também tem a forma igual à do presente do subjuntivo. Relembrando, veja os imperativos do verbo cantar:

positivo	negativo
canta	no cantes
cantemos	no cantemos
cantad	no cantéis
canten	no cantem

TESTE O SEU ESPANHOL

Preencha as lacunas com os verbos adequados no subjuntivo. Marque 10 pontos para resposta certa. Veja as respostas no final.

1. Tomara que ele não me veja.

   Ojalá que él no me _____ .

2. Querem que cheguemos às oito.

   Quieren que _____ a las ocho.

3. Quero que ele vá.

   Quiero que él _____.

4. Insistem em que eu toque.

   Insisten en que yo _____

5. Quer que eu fique?

   ¿Quiere que me _____?

6. Sinto muito que você não possa ir.

   Siento mucho que Ud. no _____ ir.

7. Espero que ela venha amanhã.

   Espero que ella _____ mañana.

8. É necessário que você estude frequentemente.

   Es necesario que _____ a menudo.

9. Mesmo que chova, irei.

   Aunque _____, iré.

10. Quando ele entrar, me chame.

    Cuando _____, llámeme.

Respuestas: 1. vea 2. lleguemos 3. vaya 4. toque 5. quede 6. pueda 7. venga 8. estudie 9. llueva 10. entre.

Resultado: _____%

passo 24 CONDIÇÕES E SUPOSIÇÕES

Frases como:
frássès cômô:
Frases como:

> Si llueve mañana no iremos.
> **si lhuêbê má*nh*áná nô irêmôs.**
> *Caso chova amanhã, não iremos.*

> Si él vino yo no lo vi.
> **si êl *b*inô djô nô lô bi.**
> *Se ele veio, não o vi.*

son condiciones sencillas.
sôn côndiciônês sên*c*ílhás.
são condições simples.

Pero hay otras condiciones
pêrô ái ôtrás côndiciônês
Mas há outras condições

que son suposiciones.
quê sôn supôssiciônês.
que são suposições.

En estos casos use el condicional
ên êstôs *c*ássôs *u*ssê êl côndiciônál
Nestes casos deve-se usar o condicional

con el imperfecto del subjuntivo.
côn êl impêr*f*êctô dêl suhun*t*íbô.
com o pretérito imperfeito do subjuntivo.

Por ejemplo:
pôr êhêmplô:
Por exemplo:

Si Ud. estuviera en mi lugar,
si ustê êstubiêrá ên mi lugár,
Se você estivesse no meu lugar,

¿qué haría?
quê áriá?
o que faria?

Si yo estuviese en su lugar, lo haría.
si djô êstubiêrá ên su lugár, lô áriá.
Se eu estivesse em seu lugar, faria isto.

Si tú me lo dijeses,
si tu mê lô dihêssês,
Se você me tivesse dito,

yo no se lo diría a nadie.
djô nô sê lô diriá á nádiê.
eu não o teria dito a ninguém.

> *Suposições*
> *Quando dizemos "se você estivesse no meu lugar" ou "se eu fosse você", estamos supondo algo que não é verdadeiro. Para este tipo de construção, usa-se o imperfeito do subjuntivo para uma das orações — a que tem o "se", ou seja, a que introduz a condição — e o condicional com a outra sentença da suposição.*

Note como se usan las condiciones
nôtê cômô sê ussán lás côndiciônês
Note como são usadas as suposições

en el chiste que sigue:
ên êl *tchistê* quê *siguê*:
na seguinte anedota:

FEDERICO:
fêdêricô:
FREDERICO:
>Dime, ¿qué harías tú
>**dimê, quê áriás tu**
>*Diga-me, o que você faria*
>
>si vieses un tigre en la selva?
>**si biêssês un tigrê ên lá sêlbá?**
>*se visse um tigre na selva?*

ESTEBAN:
êstêbán:
ESTÊVÃO:
>Si lo viese lo mataría con mi rifle.
>**si lô biêssê lô mátáriá côn mi riflê.**
>*Se eu o visse, matá-lo-ia com meu rifle.*

FEDERICO:
>Pero, si no tuvieras rifle,
>**pêrô, si nô tubiêrás riflê,**
>*Mas, se você não tivesse rifle,*
>
>¿cómo te defenderías?
>**cômô tê dêfêndêriás?**
>*como se defenderia?*

ESTEBAN:
>Si no tuviera rifle
>**si nô tubiêrá riflê**
>*Se não tivesse um rifle,*
>
>subiría a un árbol.
>**subiriá á un árbôl.**
>*subiria em uma árvore.*

FEDERICO:
>Y, si no hubiera árbol,
>**i, si nô ubiêrá árbôl,**
>*E, se não houvesse árvore,*

303

¿cómo te escaparías?
cômô tê êscápáriás?
como escaparia?

ESTEBAN:
Si no hubiera árbol cerca,
si nô ubiêrá *árbôl* cêrcá,
Se não houvesse árvore por perto,

tendría que correr.
tên*dr*iá quê côrrêr.
teria de correr.

FEDERICO:
Humm... Creo que el tigre
umm... crêô quê êl *ti*grê
Hum... acho que o tigre

te alcanzaría fácilmente.
tê álcánsáriá fácilmêntê.
o alcançaria facilmente.

ESTEBAN:
¡Pero, hombre! ¡Por Dios! ¿Eres amigo mío,
pêrô, ômbrê! pôr diôs! êrês ámigô miô,
Mas, ora! Pelo amor de Deus. Você é meu amigo,

o amigo del tigre?
ô ámigô dêl *ti*grê?
ou amigo do tigre?

Además de éstas, hay otras suposiciones
ádêmás dê êstás, ái ôtrás supôssiciônês
Além destas, existem outras suposições

que se refieren a cosas
quê sê rêfiêrên á côssás
que se referem a coisas

que nunca sucedieron:
quê *nuncá* sucêdiêrôn:
que nunca aconteceram:

Si la Reina Isabel
si lá rêiná Issá*bêl*
Se a rainha Isabel

no le hubiera ayudado a Colón
nô lê ubiêrá áiu*dádô* á côlôn
não houvesse ajudado a Colombo

¿quién habría descubierto
quiên ábriá dêscubiêrtô
quem teria descoberto

el Nuevo Mundo?
êl nuêbô *mundô*?
o Novo Mundo?

¿Qué habría pasado si la Armada Invencible
quê ábriá pássádô si lá ármádá inbêncíblê
O que teria acontecido se a Invencível Armada

hubriera sido victoriosa contra Inglaterra?
ubiêrá sidô bictôriôssá côntrá inglátêrrá?
tivesse vencido a Inglaterra?

> ***Suposições sobre fatos que nunca ocorreram***
> *Uma suposição mais remota é aquela que diz respeito às consequências de fatos que nunca ocorreram — e já não têm possibilidade de ocorrer. É o caso dos exemplos acima. Nesses casos, na primeira parte da suposição — a oração introduzida pelo se — usa-se o mais-que-perfeito do subjuntivo (pluscuamperfecto del subjuntivo), um tempo composto formado pelo imperfeito do verbo* haber *e o particípio passado do verbo principal.*
>
> Si hubieras llegado a las dos
> *Se você tivesse chegado às duas horas,*

Na segunda parte da suposição, a oração que expressa as consequências da primeira, usa-se o condicional perfeito, um tempo composto formado pelo condicional do verbo haber e o particípio passado do verbo principal.

habías visto los niños.
teria visto as crianças.

CONVERSAÇÃO: O QUE VOCÊ FARIA SE GANHASSE NA LOTERIA?

— ¿Qué haría Ud. si ganara
quê áriá ustê si gánárá
O que você faria se ganhasse

el gran premio de la lotería?
êl grán *prêmiô* dê lá lôtêriá?
na Loteria?

— Lo primero sería mudarnos
lô primêrô sêriá mudárnôs
Em primeiro lugar nos mudaríamos

a una casa más grande.
á uná *cássá* más *grándê*.
para uma casa maior.

Eso haría feliz a mi mujer.
êssô áriá fê*liss* á mi mu*hêr*.
Isto faria minha mulher feliz.

En segundo lugar,
ên sê*gundô* lu*gár*,
Em segundo lugar,

compraría un nuevo auto.
cômpráriá un nuêbô áutô.
compraria um automóvel novo.

Eso me haría feliz a mí.
êssô mê áriá fê*liss* á mi.
Isto me faria feliz.

Después iríamos a España,
dêspuê*s* iriá*mô*s á ê*s*pánhá,
Depois iríamos à Espanha,

y visitaríamos a mis padres.
i bi*ss*itá*riá*mô*s* á mis *pá*drê*s*.
e visitaríamos meus pais.

Les conseguiría maquinaria moderna
lês cônsêguiriá máqui*ná*riá mô*dê*rná
Compraria para eles máquinas modernas

para su finca.
***pá*rá su *fi*ncá.**
para sua fazenda.

Así no tendrían que trabajar tanto
á*ssi* nô tên*dri*án quê trábá*hár tá*ntô
Assim não teriam de trabalhar tanto

y la vida les sería más fácil.
i lá *bi*dá lês sêriá más *fá*cil.
e a vida seria mais fácil para eles.

— Y después ¿qué haría?
i dê*s*puê*s* quê á*riá*?
E depois, o que você faria?

— Regressaríamos aquí.
rêgrê*ss*á*riá*mô*s* á*qui*.
Voltaríamos para cá.

— Y ¿seguiría trabajando?
i sêguiriá trábá*há*ndô?
E você continuaria trabalhando?

— Por supuesto. Tendría que trabajar.
pôr supuêstô, tên*dri*á quê trábá*h*ar.
Naturalmente. Teria que trabalhar.

El dinero de la lotería
êl dinêrô dê lá lôtêriá
O dinheiro da loteria

no duraría siempre.
nô duráriá siêmprê.
não duraria sempre.

Pero sería agradable
pêrô sêriá ágrádáblê
Mas seria agradável

mientras durase, ¿no?
miêntrás durássê, nô?
enquanto durasse, não?

— ¡Seguro! Salgamos ahora
sêgurô! sálgámôs áôrá
Certamente. Saiamos agora

para comprar un billete.
párá cômprár un bilhêtê.
para comprar um bilhete.

(El domingo siguiente)
(êl dômingô siguiêntê)
(No domingo seguinte)

— ¡Qué chasco! No gané nada.
quê tcháscô! nô gánê nádá.
Que droga! Não ganhei nada.

— Menos mal. Si hubiese ganado
mênôs mál. si ubiêssê gánádô
Menos mal. Se tivesse ganhado,

pronto lo habría gastado todo.
prôntô lô ábriá gástádô tôdô.
você logo teria gasto tudo.

— Quizá. Pero de todos modos
quissá. pêrô dê tôdôs môdôs
Talvez. Mas de qualquer forma

habría tenido el gusto
ábriá tênidô êl gustô
teria tido o gosto

de haberlo gastado.
dê ábêrlô gástádô.
de havê-lo gasto.

> ***O infinitivo com o particípio***
> *Aqui está um exemplo do uso do infinitivo com o particípio.*
> *Compare:*
>
> > Es un placer hacerlo.
> > *É um prazer fazê-lo.*
> >
> > Es un placer haberlo hecho.
> > *É um prazer tê-lo feito.*

TESTE O SEU ESPANHOL

Complete as lacunas com os verbos que faltam colocando-os no condicional ou no imperfeito do subjuntivo. Lembre-se de que tanto as terminações -ase ou -iese ou ainda -ara ou -iera são corretas e podem ser usadas indistintamente. Marque 10 pontos para resposta correta. Veja as respostas no final:

1. Si yo tuviera el dinero _____ un nuevo automóvil.
   (comprar)

2. Si Ud. me lo dijese no se lo_____ a nadie.
   (decir)

3. ¿Qué _____ si perdiera el tren?
   (hacer)

4. ¿Qué compraría Ud. si _____ la lotería?
   (ganhar)

5. Si yo _____ lo haría.
   (poder)

6. Vendría conmigo si tú lo _____ .
   (permitir)

7. Si quisiera, yo _____ dejar de fumar.
   (poder)

8. Si no _____ policías, ¿habría un aumento en los crimes?
   (haber)

9. Si tuviera tiempo _____ a España.
   (viajar)

10. Si Napoleón hubiera conquistado España, ¿ _____ _____
    diferente la historia?   (haber)   (terminar)

Respostas: 1. compraría 2. diría 3. haría 4. ganara 5. pudiera 6. permitieras 7. podría 8. hubiera 9. viajaría 10. habría sido.

Resultado: _____%

passo 25 COMO LER O ESPANHOL

Aquí hay unos consejos para hacer más fácil su lectura en español.
Aqui há alguns conselhos para que você leia mais facilmente em espanhol.

En las cartas comerciales el condicional
Nas cartas comerciais, o condicional

y el subjuntivo se usan mucho. Así:
e o subjuntivo são muito utilizados. Assim:

> Muy señores míos:
> *Prezados senhores:*

> ### Saudações comerciais
> *O início de uma carta comercial difere conforme o número de remetentes e destinatários. Aqui estão quatro modos de iniciá-la:*
>
>> Muy señor mío
>> Muy señores míos
>> Muy señor nuestro
>> Muy señores nuestros

Les agradeceríamos que nos mandasen
Agradeceríamos se nos enviassem

su último catálogo
seu último catálogo

y su lista de precios.
e sua lista de preços.

Les rogamos que nos contesten
Pedimos que nos respondam

a la mayor brevidad posible.
o mais brevemente possível.

Pendientes de sus gratas noticias
Desejosos de gratas notícias suas

quedamos de Uds. muy atentamente...
Atenciosamente seu...

La cortesía en la correspondencia
Embora sejam quase todos similares a "atenciosamente, seu...", são dadas aqui algumas expressões que podem ser utilizadas em finais de cartas:

Attos. Ss. Ss. = atentos seguros servidores
Q.E.S.M. = que estrecha su mano
Q.B.S.M. = que besa su mano
Q.B.V.M. = que besa vostra mano

En los periódicos verá que
Nos jornais, você notará que eles

acostumbran ser muy breves
costumam ser bastante breves

en los titulares:
em suas manchetes:

Celoso mató a su mujer.
Ciumento mata sua esposa.

Huelguistas exigen aumento inmediato.
Grevistas exigem aumento imediato.

Régimen actúa contra amenazas.
Governo atua contra ameaças.

Pepín cortó orejas y rabo en Córdoba.
Pepín cortou orelhas e rabo em Córdoba.

> **O estilo dos jornais**
> *As manchetes de jornais, rádio e TV frequentemente dispensam artigos e pronomes supérfluos. Contudo, como no caso da última manchete, algumas ideias serão mais bem compreendidas se você conhecer melhor aspectos da tradição, dos costumes e da história do povo espanhol e hispano-americano.* Cortó orejas y rabo *significa que um toureiro recebeu a grande honra — em retribuição à sua magnífica atuação na arena — de cortar as orelhas e o rabo do touro que matou.*

La literatura española y latinoamericana es riquísima.
A literatura espanhola e latino-americana é muito rica.

Aquí les presentamos un ejemplo de poesía
Apresentamos aqui um exemplo de poesia

seleccionado de Don Juan Tenorio,
extraído de Don Juan Tenorio,

una obra maestra del teatro clásico español:
uma obra-prima do teatro clássico espanhol:

        ¡Ah! ¿No es cierto, ángel de amor,
        que en esta apartada orilla
        más pura la luna brilla
        y se respira mejor?
        Esta aura que vaga, llena
        de los sencillos olores
        de las campesinas flores
        que brota esa orilla amena;
        esa agua limpia y serena
        que atraviesa sin temor
        la barca del pescador
        que espera cantando el día,

¿no es cierto, paloma mía,
que están respirando amor?

Ah! Não é verdade, anjo de amor,
que nesta distante praia
a lua mais pura brilha
e se respira melhor?
Esta gentil brisa que vaga, plena
de sensíveis fragrâncias
de flores campestres
que desta agradável praia brota;
esta água límpida e serena
que atravessa sem temor
a barca do pescador
que espera cantando o dia,
não é verdade, pomba minha,
que estão respirando amor?

En cuanto a prosa *Don Quijote de la Mancha*
Quanto à prosa, Don Quijote de la Mancha

está considerado como una de las grandes obras
é considerado uma das grandes obras

de la literatura mundial.
da literatura mundial.

En ella, tanto como en otras obras clásicas,
Nela, como em outras obras clássicas,

encontrará el uso de *vosotros* y *vos.*
você encontrará o uso dos pronomes vosotros *e* vos.

Vosotros
Vosotros é frequentemente abreviado para vos *e usado em literatura, mesmo que esteja se referindo a uma pessoa, como uma forma polida de Ud. Além de ler este tratamento em livros, você provavelmente o ouvirá em locais públicos, como marca de distinção para com os ouvintes.*

> *Por outro lado,* vosotros, *que é na verdade o plural de* tú, *como já vimos, é especialmente usado na Espanha para se dirigir a familiares, amigos e conhecidos (na América Latina se utiliza mais a forma* ustedes*).*

Aquí hay unos ejemplos del uso de *vosotros*
Aqui estão alguns exemplos do uso do pronome vosotros

en una conferencia pública:
em um discurso público:

    Ha sido para mí un gran honor
    Foi uma grande honra para mim

    dirigirlos la palabra esta noche.
    dirigir-lhes a palavra esta noite.

    Os agradezco vuestra atención
    Agradeço-lhes sua atenção

    y la hospitalidad que me habéis brindado.
    e a hospitalidade com que fui brindado.

    Ahora me tenéis a vuestra disposición
    Agora têm-me à sua disposição

    si queréis hacerme preguntas u observaciones.
    se quiserem fazer-me perguntas ou observações.

Todo lo que Ud. lee en español
Tudo o que você ler em espanhol

aumentará sus conocimientos
aumentará seus conhecimentos

y, al mismo tiempo,
e, ao mesmo tempo,

será una fuente de gusto
será uma fonte de prazer

y de diversión.
e de diversão.

Pero lo más importante
Mas o mais importante

es hablar y escuchar hablar a otros,
é falar e escutar outras pessoas falarem,

porque para aprender a hablar un idioma
porque, para aprender a falar um idioma,

lo más importante de todo es practicarlo en toda ocasión.
o mais importante é praticá-lo em todas as oportunidades.

VOCÊ SABE MAIS ESPANHOL DO QUE IMAGINA

Agora você está familiarizado com os elementos essenciais para falar espanhol. Sem dúvida, ao ler livros, revistas e jornais em espanhol, você encontrará muitas palavras que não estão incluídas neste livro. Certamente, no entanto, terá muito mais facilidade para compreendê-las, pois o idioma de que fazem parte já não lhe é estranho.

Ao ler um texto em espanhol ou ouvir o espanhol no cinema, na televisão ou em conversas, é evidente que você não poderá consultar o dicionário a cada palavra nova que aparecer, nem é conveniente que o faça, pois senão será impossível apreender o sentido geral do que está sendo lido ou ouvido. Portanto, faça antes um esforço no sentido da compreensão global, tentando fazer com que o significado das palavras se torne evidente através do contexto. Depois – e isso se aplica basicamente ao caso da leitura – é importante que você volte ao texto, consultando o dicionário para verificar a pronúncia e o sentido das palavras que não conhecia.

No entanto, não se esqueça de que as palavras não devem ser traduzidas isoladamente. É importante você utilizá-las sempre em frases e expressões. Leia textos em espanhol, em voz alta, sempre que possível. Sugerimos que você grave sua leitura e vá comparando os resultados ao longo do tempo.

Levando a sério estes procedimentos, você conseguirá formar frases com desembaraço cada vez maior e ficará surpreso com o desenvolvimento de sua capacidade para se comunicar em espanhol.

VOCABULÁRIO PORTUGUÊS-ESPANHOL

Este vocabulário irá completar sua habilidade para o uso do espanhol corrente. Inúmeras palavras que você encontrará nele não foram utilizadas ao longo do livro. É interessante notar que, na conversação diária em qualquer idioma, a maioria das pessoas usa menos do que 2.000 palavras. Neste vocabulário você encontrará cerca de 2.000 palavras, selecionadas de acordo com a frequência de sua utilização.

Observações:
1. O gênero dos substantivos só estará indicado quando for diferente do seu equivalente português.

2. Os femininos e plurais irregulares serão indicados após o registro da palavra em espanhol.

3. Quando uma mesma palavra tiver várias possibilidades de tradução para o espanhol, de igual importância, elas serão registradas, separadas por vírgula.

4. Só serão registrados os advérbios mais importantes. Lembre-se, porém, de que a maioria dos adjetivos transforma-se em advérbio através do acréscimo do sufixo -*mente*.
   Ex.: adjetivo: *exacto*
   advérbio: *exactamente*

A

a *(prep.)* a
a *(art.)* la, las
abacaxi piña
abaixo abajo
abelha abeja
aberto abierto
abraçar abrazar
abridor de latas abrelatas
abril abril
abrir abrir
ação acción
aceitar aceptar
acento aciento
acidente accidente
acima arriba
aço acero
aconselhar aconsejar
acontecer pasar, acontecer
acordo acuerdo
acostumar-se acostumbrarse
açougue carnicería
açougueiro carnicero
acrescentar añadir
açúcar azúcar *(fem.)*
ademais además
adeus adiós
adiante adelante
admissão admisión
advogado abogado
aeroporto aeropuerto

afilhado ahijado
afogar-se ahogarse
afortunado afortunado
agasalho abrigo
agora ahora
agosto agosto
agradável agradable
agradecer agradecer
agradecido agradecido
água agua
água mineral agua mineral
agudo agudo
ainda todavía, aún
ajoelhar-se arrodillarse
ajudar ayudar
alcançar alcanzar
álcool alcohol
Alemanha Alemania
alemão alemán
alface lechuga
alfaiataria sastrería
alfaiate sastre
alfândega aduana
alfinete alfiler
alfinete de segurança imperdible
algo algo
algodão algodón
alguém alguien
algum alguno
alguma vez alguna vez

alho ajo
ali allí, allá
alma alma, ánima *(na Am. Latina)*
almoço almuerzo
alto alto
alugar alquilar
amar querer, amar
amarelo amarillo
amável amable
ameixa ciruela
América América
América do Sul América del Sur
americano americano
amigo amigo
amistoso amistoso
amizade amistad
amor amor
andar piso
Andinas Antillas
anel anillo
anfitrião anfitrión
aniversário aniversario *(festa)*; cumpleaños *(dia do aniversário)*
ano año
Ano-Novo Año Nuevo
antisséptico antiséptico
ao lado al lado
ao ponto *(para carne)* término medio
ao redor alrededor
apagar apagar
apartamento departamento
apelido apodo
apertado apretado
apetite apetito
apontar señalar
aposentado retirado
aposta apuesta
aprender aprender
apresentar presentar
apressar-se darse prisa

aprovar aprobar
aproximadamente promedio, aproximadamente
apunhalar apuñalar
aquarela acuarela
aqui aquí
ar aire
ar-condicionado aire-acondicionado
aranha araña
argentino argentino
arma arma
armário armario
arquiteto arquitecto
arquivo archivo
arranjar arreglar
arroz arroz
artigo artículo
árvore árbol *(masc.)*
asa ala
aspargo espárrago, aspárrago
áspero áspero
assado asado
assar asar
assassinar asesinar
assegurar asegurar
assento asiento
assim así
assinalar señalar
assinar firmar
assinatura firma
assunto asunto
até hasta *(temporal)*; hacia *(espacial)*
atenção atención
aterrissar aterrizar
atmosfera atmósfera
ato acto
ator actor *(fem. actriz)*
atrás detrás
atraso retraso
através a través

atravessar atravesar, cruzar
atrevimento atrevimiento
aula clase
aumentar aumentar
Austrália Australia
australiano australiano
Áustria Austria
austríaco austríaco
automático automático
automóvel automóvil
autoridade autoridad
avançar avanzar
averiguar averiguar
aversão aversión
avião avión
avisar avisar
aviso aviso
avô abuelo
azar ma suerte
azedo agrio
azeite aceite de oliva

B

bagagem equipaje
baía bahía
bailarina bailarina
baixo bajo
bala *(de revólver)* bala
bala *(doce)* caramelo
balconista dependiente
balé ballet
banana banana, plátano
bandeira bandera
banheiro cuarto de baño
banho baño
barata cucaracha
barato barato
barbearia peluquería

barbear-se afeitarse
barbeiro barbero
barro barro
bastante bastante
batalha batalla
batata papa, patata
batata frita papa freída
bater batir
bêbado borracho
bebida *(alcoólica)* licor
beijar besar
beijo beso
beleza belleza
beliscar pellizcar
belo bello
bem bien
bem-vindo bienvenido
bezerro ternero
biblioteca biblioteca
bife bistec
bigode bigote
bilhete billete
boa-noite buenas noches
boa-tarde buenas tardes
boato chisme
boca boca
bode cabrón *(fem. cabra)*
boi buey
bolachas galletas
bolo pastel
bolsa bolsa
bolso bolsillo
bombeiro bombero
bom-dia buenos días
boneca muñeca
bonito bonito, bello
borracha goma
borracha *(industrial)* caucho
bosque bosque
botão botón

bracelete brazelete
braço brazo
branco blanco
brando blando
Brasil Brasil
brasileiro brasileño
breve breve
briga pelea
brigar pelear
brilhante brillante
brilhar brillar
brinco arete
brindar brindar
brinquedo juguete
brisa brisa
bronzeador pavonador
burro asno
busca búsqueda

C

cabeleireiro *(salão)* salón de belleza
cabeleireiro *(pessoa)* peluquero
cabelo pelo
cabo cable
cabra cabra
cabrito cabrito
caçador cazador
caçar cazar
caçarola cacerola
cachimbo pipa
cacho racimo
cachorro perro
cadeira silla
café café
cair caerse
cais muelle
caixa tazón
caixa *(pessoa)* cajero

caixa de correio buzón
calcanhar talón
calças pantalones
calmo tranquilo
calor calor
camarão camarón, gamba
caminhão camión
caminhar caminar
caminho camino
caminhonete camioneta
camisa camisa
camiseta camiseta
campainha campaña
camurça gamuza
canção canción
caneta pluma
caneta esferográfica bolígrafo
cansado cansado
cantar cantar
canto rincón
cantor cantante *(masc. e fem.)*
capaz capaz
capitão capitán
capuz gorra
caracol caracol
caranguejo cangrejo
característica rasgo *(masc.)*
caráter carácter
cárcere cárcel
carinhoso cariñoso
carne carne
carneiro carnero *(fem. oveja)*
carregar cargar
carta carta
cartão tarjeta
cartão-postal tarjeta postal
carteira cartera
carteira de motorista permiso de conducir
carteiro cartero

carvalho roble
casa casa
casado casado
casal pareja
casamento boda
castelo castillo
castigar castigar
castigo castigo
cavalheiro caballero
cavalo caballo
cavanhaque barbilla
cebola cebolla
cedo temprano
cego ciego
celebração celebración
cem cien
cemitério camposanto, cementerio
cenário escena
cenoura zanahoria
cento ciento
cerimônia ceremonia
certamente ciertamente
certificado certificado
cerveja cerveza
céu cielo
chá té *(masc.)*
chama llama
chamada *(telefônica)* llamada
chamar llamar
chaminé chimenea
chão suelo
chapéu sombrero
charuto cigarro
chave llave
chefe jefe, guía
chegada llegada
chegar llegar
cheio lleno
cheirar oler
China China

chinelos chancletas
chinês chino
chofer chófer
chorar llorar
chover llover
chuva lluvia
cidade ciudad
ciência ciencia
cientista científico
cigano gitano
cigarro cigarrillo
cimento cemento
cinema cine
cinquenta cincuenta
cinta cinta
cinto cinturón
cintura cintura
cinza gris *(masc. e fem.)*
citação citación
ciumento celoso
ciúmes celos
claro claro
cliente cliente
clube club
cobra culebra
cobrir cubrir
coelho conejo
cogumelo hongo
coisa cosa
colar collar
colcha cubricama
colecionar coleccionar
colete chaleco
colher cuchara
colina colina
com con
combinação combinación
começar empezar, comenzar
comercial *(propaganda)* anuncio
comércio comercio

comida comida
comigo conmigo
comissão comisión
como *(conj.)* como
companhia compañía
comprar comprar
compreender comprender
comprido largo
comum ordinario
concerto concierto
condição condición
confortável cómodo
congelado congelado
conhaque coñac
conhecer conocer
conseguir conseguir
conselho consejo
considerar considerar
conta cuenta
contente contento
conto cuento
contudo sin embargo
conversação conversación
conversar charlar, conversar
convés cubierta
convidado invitado, huésped
convidar invitar
convite invitación *(fem.)*
copo vaso
coquetel coctel
cor color
coração corazón
corda soga, cuerda
cordeiro cordero
corpo cuerpo
corporação corporación
correio correo
correio aéreo correo aéreo
correto correcto
corrida carrera

cortiça corcho
costas espalda
costume costumbre *(fem.)*
couro coro
cova cueva
coxo cojo
cozinha cocina
cozinhar cocinar
cozinheiro cocinero
creme crema
crer creer
crescer crecer
criado criado
crime crime
criminoso criminal *(masc. e fem.)*
crise crisis
cru crudo
cruzamento cruce
cubo cubo
cuidado cuidado
culpado culpable *(masc. e fem.)*
cumprimentos saludos
cunhado cuñado
curto corto
custar costar

D

dar dar
data fecha
datilógrafo mecanógrafo
de de
de idade de edad
debilitado débil
débito deuda
décimo décimo
dedo dedo
deitar-se acostarse
deixar dejar

delegada *(de polícia)* cuartel de policía
demasiado demasiado
dente diente
dentro *(adv.)* adentro
dentro *(prep.)* dentro de
depois después, luego
derramar verter
desacordo desacuerdo
descansar descansar
descer bajar, bajarse
descobrir descubrir
desconto descuento
descuidar descuidar
desculpar-se disculparse, excusarse
desde desde
desejar desear
desejo anhelo
desembarcar desembarcar, aterrar *(de navio)*
desenho diseño
deserto desierto
desfazer deshacer
desfile desfile
desgraça desgracia
desgraçadamente desgraciadamente
desigualdade desigualdad
desiludido desilusionado
desilusão desilusión
deslocar dislocar
desocupado desocupado
desonesto improbo
desperdiçar malgastar, desperdiciar
despertar despertar, despertarse
despesa gasto, consumo
despir-se desvertirse
detetive detective *(masc. e fem.)*
Deus Dios
devagar despacio
dever haber que, deber
devolver devolver
dez diez
dezembro diciembre
dezena docena
dezenove diecinueve
dezesseis dieciseis
dezessete diecisiete
dezoito dieciocho
dialeto dialecto
diamante diamante
diário cotidiano
dicionário diccionario
diferença diferencia
dinheiro dinero, efectivo, plata
direção dirección
direita derecha
direito derecho
diretamente directamente
direto directo
dirigir conducir, dirigir
disco disco
disposto dispuesto
dito dicho
diversão diversión
divertido divertido
dívida deuda
dizer decir
dobrar doblar
dobro doble
doca muelle
doce dulce
doente enfermo
dois dos
dolorido adolorido
doloroso doloroso
domingo domingo
dono dueño
dor dolor *(masc.)*
dor de cabeça dolor de cabeza
doze doce

durar durar
duro duro
dúvida duda

E

e y
editor editor
educado polido, educado
egoísta egoísta
El Salvador El Salvador
ela ella
elas ellas
ele él
eleição elección
eles ellos
eletricidade eletricidad
elétrico eléctrico
elevador ascensor
em en
embaixada embajada
embaixo debajo
embaraçado apenado
embevecer extasiar, cautivar
emoção emoción
empacotar empacar
empreender emprender
empregada criada
empregado empleado
empregar emplear
emprego empleo
empresa planta
emprestar pedir prestado, prestar
empréstimo préstimo
empurrar empujar
encaixe encaje
encher llenar
encontro cita
encruzilhada encrucijada

enfermeira enfermera
enfermidade enfermedad
enganado equivocado
enganar enganar
enganar-se equivocarse
engraçado chistoso
enjoado mareado
enjoo mareo
enorme enorme
enquanto mientras
ensanguentar ensangrentar
ensinar enseñar
então entonces
entender entender
entrada entrada
entrada do metrô boca de metro
envelope sobre
enviar enviar
envio envio
envolver envolver
equador ecuador
equipe equipo
erro error
ervilhas guisantes
escada escalera
escocês escocés
Escócia Escocia
escola escuela
escolher escojer
esconder esconder
escova cepillo
escravo esclavo
escrever escribir
escritor escritor
escritório oficina
escrivaninha escritorio
escuro oscuro
escutar escuchar
esgotado agotado
espaço espacio

Espanha España
espanhol español
especial especial
espelho espejo
esperar esperar
espetáculo espetáculo
esporte deporte
esposo esposo
esquecer olvidar
esquerda izquierda
esquerdo izquierdo
esquiar esquiar
esse *(adj.)* ese
esse *(pron.)* ése, éso
está bem está bien
estação estación
estado estado
Estados Unidos Estados Unidos
estanho estaño
estar estar
estátua estatua
este *(adj.)* este
este *(pron.)* éste, ésto
estilo estilo
estômago estómago
estrada carretera
estrada de ferro ferrocarril
estragar dañar
estrangeiro extranjero
estranho extraño
estreito estrecho
estrela estrella
estudante estudiante
estudar estudiar
estúpido estúpido
etiqueta etiqueta
eu yo
europeu europeo
evitar evitar
exame examen

exatamente exactamente
exato exacto
excelente exquisito
exceto excepto
excitado excitado, agitado
exemplo ejemplo
exercício ejercicio
exército ejército
exibição exhibición
êxito éxito
expedição expedición
experiente experto
explicação explicación
explorar explotar
expressar expresar
extraordinário extraordinario, raro

F

fabricar fabricar
faca cuchillo
facilmente facilmente
falar hablar
faminto hambriento
farinha harina
farto harto
fatalidade fatalidad
fatia raja
fato hecho, realidad
fazenda finca
fazer hacer
fé fe, confianza
febre fiebre
fechado cerrado
fechar cerrar
feijões frijoles
feio feo
feira feria
feito a mão hecho a mano

fel hiél
felicitações felicitaciones
feliz feliz
feminino femenino
feriado feriado
férias vacaciones
ferramenta herramienta
ferro hierro
ferver herver, hervir
fervido hervido
fervor hervor
festa fiesta
fevereiro febrero
ficar quedarse
fígado hígado
figo higo
filho hijo
filme película
fim fin
fino delgado
fio hilo
flor flor
floresta selva
florista florerista
fluxo flujo
fogo fuego
folha oja
fome hambre
fora fuera, afuera
força fuerza
forma forma
formal formal
formar formar
formiga hormiga
fórmula fórmula
formulário formulario
forte fuerte
fortuna fortuna
fósforo fósforo
foto foto

frágil frágil
França Francia
frango pollo
freguês cliente
freio freno
frente adelante, frente
frequentemente a menudo, frecuentemente
fresco fresco
fronteira frontera
frouxo flojo
fruta fruta
fumaça humo
fumar fumar
fundo fondo, hondo
furacão huracán
fusível fusible
futuro futuro

G

gado ganado
galinha galina
galo gallo
ganhar ganar
ganso ganso
garagem garaje
garçom camarero
garfo tenedor
garganta garganta
garoto muchacho, chico, niño
garrafa botella
gás gas
gasolina gasolina
gastar gastar
gato gato
geladeira nevera
gelo hielo
gêmeos gemelos

general general
gênero género
generoso generoso
genro yerno
gente gente
geografia geografía
geração generación
geral general
geralmente generalmente
gerente gerente
gesso yeso
gim ginebra
golfe golf
gorjeta propina
gostar gustar
gosto gusto
gotejar gotear
governo gobierno
gracioso gracioso
grande grande
gravador grabador
gravata corbata
grávida embarazada
Grécia Grecia
grego griego
greve huelga
grife marca de fábrica
gritar gritar
groselha grosella
grosso grueso
grupo grupo
guarda-chuva paraguas
guarda-roupas guardarropa
guardar guardar
guatemalteco guatemalteco
guerra guerra
guia guía
guichê taquilla
guisado guisado

H

habitante habitante
harmonia armonía
haver haber
helicóptero helicóptero
herdeiro heredero
herói héroe *(fem.* heroína*)*
herva hierba
hesitar vacilar
hipoteca hipoteca
história historia
histórico histórico
hoje hoy
homem hombre *(fem.* mujer*)*
homenagem homenaje
honesto honesto
honra honradez, honor
hora hora
horizonte horizonte
horrível horrible
hóspede huésped
hospital hospital
hospitalidade hospitalidad
hotel hotel
humano humano

I

iate yate
ida ida
idade edad
ideia idea
idioma idioma
idiota idiota
ignorante ignorante
igreja iglesia
igualmente igualmente

ilegal ilegal
ilha isla
ilustração illustración
imaginação imaginación
imaginar imaginar
imediatamente inmediatamente
imitação imitación
imitar imitar
impaciente impaciente
imperfeito imperfecto
impermeável impermeable
importância importancia
importante importante
importar importar
impossível imposible
imposto impuesto
inchado hinchado
inchar hinchar
incluir incluir
incômodo incômodo, molestia
inconsciente inconsciente
inconveniente incómodo
incorreto incorrecto
incrível increíble
independência independencia
independente independiente
indicar indicar
indigestão indigestión
índio indio
indireto indirecto
indiscreto indiscreto
indivíduo individuo
indústria industria
industrial industrial
ineficiente ineficiente
infecção infección
inferior inferior
inferno infierno
infinitivo infinitivo
influência influencia

inimigo enemigo
inimizade enemistad
injeção inyección
injusto injusto
inocente inocente
inquilino inquilino
inseto insecto
insistir insistir
inspecionar inspeccionar
instrumento instrumento
inteiro entero
inteligente inteligente
intenção intención
interessado interesado
interessante interesante
internacional internacional
intérprete intérprete
inundação inundación
inútil inútil
invejar invidiar
ir ir
ir-se irse
irmão hermano
irregular irregular
israelita israeli *(masc. e fem.)*
Itália Italia
italiano italiano

J

já ya
janeiro enero
janela ventana
jantar cenar
Japão Japón
japonês japonés
jaqueta chaqueta
jardim jardín
jarra jarra

jarro jarro
jejuar ayunar
joelho rodilla
jogar jugar
jogo juego
joia joya
jornal periódico
jovem joven
judeu judio
juiz juez
juízo juicio
julgar juzgar
julho julio
junho junio
juntos juntos
justiça justicia
juventude juventud

L

lã lana
lá allá
lábio labio
laboratório laboratorio
laço lazo, nudo
lado lado
ladrão ladrón
lagosta langosta
lágrima lágrima
lâmpada lámpara, bombilla
lanterna linterna
lápis lápiz
laranja naranja
largo ancho
latino-americano latinoamericano
lavanderia lavandería
lavar lavar
lavável lavable
laxante laxante

lazer ocio
leão león
legal legal
legítimo genuino
lei ley
leite leche
leiteria lechería
lembrança recuerdo
lembrar recordar
lenço pañuelo, bufanda
lençol frazada, sábana
ler leer
letra letra
levantar levantar, levantarse
levar llevar, llevarse
lhe le
liberal liberal
liberdade libertad
libra libra
lição lección
ligeiro ligero
limão limón
limite límite
limonada limonada
limpar limpiar
limpo limpio
lingerie ropa interior
língua lengua
linha hilo
linho lino
lista lista
livraria librería
livre libre
livro libro
lixo basura
lobo lobo
local local
lógico lógico
logo pronto
loiro rubio

loja negocio, tienda
loja de departamentos gran almacén
lojista tendero
longe lejos
louco loco
lousa pizarra
lua luna
lua de mel luna de miel
lucro beneficios, ganancia
lugar lugar
lustre araña
luta pelea
lutar pelear
luvas guantes *(masc.)*
luxo lujo
luz luz

M

maçã manzana
macaco *(que levanta carros)* gato
macaco *(animal)* mono
macarrão fideo
macho macho
machucar hacer daño
madeira madera
madrugada alba, madrugada
mãe madre
magia magia
maio mayo
mais más
mal-entendido malentendido
mala valija
maleta maleta, maletín
mancha mancha
mandar mandar
manga *(de camisa)* manga
manga *(fruta)* manga, mango

manhã mañana
manicure manicura
manso manso
manteiga manteca, mantequilla
mantimentos comestibles
mão mano
máquina máquina
máquina de escrever máquina de escribir
maquinaria maquinaria
mar mar
maravilhoso maravilloso
março marzo
marfim marfil
marinha marina
marinheiro marinero
mármore márbol
martelo martillo
mas pero
masculino masculino
matar matar
mau malo
me me
mecânico mecánico
média promedio
medicina medicina
médico médico, doctor
médio medio
medir medir
Mediterrâneo Mediterráneo
medo miedo
meia-noite medianoche
meio-dia mediodía
mel miel
melhor mejor
melhorar mejorar
melhoria mejoría
membro miembro
menino muchacho

menos menos
mensagem mensaje
mentira mentira
mentiroso mentiroso
menu menu, lista de platos
mercado mercado
mergulhar sumergir
mergulho buceo
mês mes
mesa mesa
mesclar mezclar
mesmo mismo
metade mitad
metal metal
metro metro
metrô metro
meu mío
mexicano mexicano
mexilhão almeja
mi mi
mil mil
milha milla
milho maíz, choclo *(América Latina)*
mínimo mínimo
ministro ministro
minuto minuto
missa misa
mistério misterio
mistura mezcla
misturado mezclado
misturar mezclar
modelo modelo
moderno moderno
modo modo
moeda moneda
moldura marco
molestado molesto
molhado mojado, húmedo
molho salsa

momento momento, rato
montanha montaña
monumento monumento
morrer morir
morto muerto
mosca mosca
mosquito mosquito
mostarda mostaza
mostrar mostrar
motocicleta motocicleta
motor motor
motorista conductor
móveis muebles
mover mover
muito *(adj.)* mucho
muito *(adv.)* muy
mulato pardo
multa citación
multidão muchedumbre
mundo mundo
museu museo
música música
músico músico

N

nacional nacional
nacionalidade nacionalidad
Nações Unidas Naciones Unidas
nada nada
nadar nadar
namorado enamorado
não no
nariz nariz *(fem.)*
nascido nacido
Natal Pascuas de Navidad
naturalmente naturalmente

navalha navaja
navegar navegar
navio nave
neblina neblina
necessário necesario
necessitar necesitar
nenhum ninguno
nervoso nervioso
neto nieto
neutro neutral, neutro
neve nieve
nicaraguense nicaraguense
ninguém nadie
ninho nido
noite noche
noivo comprometido
nojo asco
nome nombre
nono noveno
nora nuera
normal normal
norte norte
nós nosotros
nos *(pron. obj.)* nos
nosso nuestro
nota nota
nota *(de compras)* cuenta, factura
notar notar
notícia reporte, noticia
novamente otra vez, de nuevo, nuevamente
nove nueve
novembro noviembre
noventa noventa
novo nuevo
noz nuez
nu desnudo
número número
numeroso numeroso
nunca nunca

O

o o
obedecer obedecer
objeto objeto
obrigado gracias
obrigar obligar
óbvio obvio
ocasião ocasión
oceano océano
ócio ocio
oco hueco
óculos anteojos, gafas
ocupação ocupación
ocupado ocupado
ocupar ocupar
odiar odiar
oeste oeste
oferecer ofrecer
oficial oficial
oitenta ochenta
oito ocho
olá hola
óleo aceite
olhar mirar
olho ojo
ombro hombro
omelete tortilla
onde donde
ônibus autobús
ontem ayer
onze once
ópera ópera
operação operación
operário obrero
opinião opinión
oportunidade oportunidad
oposto opuesto
ordem orden
ordenar ordenar

orelha oreja
organização organización
orgulhoso orgulloso
origem origen
original original
ornamento ornamento, aparato
orquestra orquesta
orquídea orquidea
osso hueso
ostra ostra
ou o
ouro oro
outono otoño
outro otro
outubro octubre
ouvido oído
ouvir oir
ovelha oveja
ovo huevo
oxigênio oxígeno

P

pá pala
pacote paquete
padaria panadería
padre sacerdote
padrinho *(fem.* madrinha)
pagar pagar
pagar à vista pagar a contado
página página
pago pagado
pais padres
país pais
paisagem paisaje *(masc.)*
paixão pasión
palácio palacio
palavra palabra
paletó saco

panamenho panameño
panela olla
pão pan
pãozinho panecillo
papa papa
papel papel
para para
parabéns enhorabuena
parada desfile
parágrafo párrafo
paraguaio paraguayo
parar parar, pararse
parecer *(com alguém)* parecerse a
parecer *(subst.)* dictamen, opinión, juicio
parede pared
parentes parientes
parque parque
parte parte
particípio participio
partido partido
passado pasado
passar pasar
passar *(roupa)* planchar
pássaro pájaro
passear dar un paseo
pasta pasta
patente patente
patinar patinar
patrão patrón
pavão pavón, pavo real
paz paz
pé pie
peça pieza
pecado pecado
pechincha ganga
pedaço pedazo
pedir pedir
pedir emprestado pedir prestado
pedra piedra

337

pegar pegar, coger
peito pecho
peixaria pescadería
peixe pez, pescado *(como alimento)*
pele piel
pelo cabello
pena pena, punición
pensar pensar
pente peine
pentear peinar
pequeno pequeño
perceber darse cuenta
perdão perdón
perdas perdidas
perder perder
perdoar perdonar
perfeito perfecto
perfume perfume
pergunta pregunta
perguntar preguntar
perigo peligro
perigoso peligroso
permanente permanente
permissão permiso
permitido permitido
permitir permitir
perna pierna
pertencer pertenecer
perto cerca, cercano
perturbar molestar
peru pavo
peruano peruano
peruca peluca
pesado pesado
pesar pesar
pescoço cuello
peso peso
pessoa persona
petróleo petróleo
piada chiste

piano piano
picar picar
piloto piloto
pílula píldora
pimenta pimienta
pintar pintar
pintor pintor
pior peor
pipoca palomitas blancas
piscina piscina
pistola pistola
planeta planeta
plano plan, proyecto
plano *(planície)* llano, plano
planta *(vegetal)* planta
plástico plástico
platina platino *(masc.)*
plural plural
pneu llanta
pneu furado llanta pinchada
pneu vazio llanta desinflada
pó polvo
pobre pobre
poder poder
poeirento polvoroso
poesia poesía
pois pues
polícia policía
policial policial
polir pulir
polvo pulpo
pomba paloma
ponta punta
ponte puente
ponto de ônibus parada de autobús
popular popular
por por
pôr poner
porcentagem porcentagem
porco puerco, cerdo

porta puerta
portão portón
porto puerto
português portugués
posição *(cargo)* puesto
possível possible
posto de gasolina puesto de gasolina
pouco poco
pouco a pouco poco a poco
pousada posada, fonda
povoado pueblo
praça plaza
praia playa
prata plata
prático práctico
prato plato
prazer placer
precioso precioso, raro
precisar necesitar
preço precio
prefeito prefecto
preferir preferir
pregar clavar
prego clavo
preguiçoso perezoso
prejudicar hacer daño a
prêmio premio
prender arrestar, detener, prender
preocupar preocupar
preparar preparar
presente *(regalo)* regalo
presente *(tempo)* presente
presentear regalar
presidente presidente
presunto jamón
prevenir prevenir
previamente previamente
primavera primavera

primeiro primero
principal mayor, principal
príncipe príncipe *(fem. princesa)*
prisão cárcel *(fem.)*
privado privado
problema problema
procurar buscar
produção producción
produzir producir
professor *(de 1º grau)* maestro
professor profesor
profissão profesión
programa programa
proibido prohibido
proibir prohibir
prometer prometer
prometido prometido
pronome pronombre
pronto listo
pronúncia pronunciación
pronunciar pronunciar
propaganda publicidad, propaganda
propriedade propriedad
próprio propio
proteger proteger
protestante protestante
protestar protestar
provar probar
provavelmente probablemente
próximo próximo
psicólogo psicólogo
psiquiatra psiquiatra
publicidade publicidad
público público
pudim flan
pulmão pulmón
puro puro *(a)*
puxar halar, tirar

Q

quadril cadera
quadro cuadro
quaisquer cualesquier, cualesquieras
qual cual
qualidade calidad
qualquer cualquier, cualquiera
quando cuando
quantidade cantidad
quanto cuanto
quarenta cuarenta
quarta-feira miércoles
quarteirão cuadra, manzana
quartel cuartel
quarto cuarto
quase casi
quatorze cuatorce
quatro cuatro
que *(pron. rel.)* que
que *(pron. interr.)* qué
quebrado roto
quebrar romper
queijo queso
queimar quemar
quem *(pron. rel.)* quien *(pl.* quienes)
quem *(pron. interr.)* quién *(pl.* quiénes)
quente caliente
querer querer
quieto quieto
quilômetro kilómetro
quinta-feira jueves
quinze quince

R

ra rana
rabino rabino
rabo cola
raça raza
rádio radio
raio rayo
raivoso enojado
raiz raiz *(pl.* raíces)
rapidamente rapidamente
rápido rápido
raposa zorro
raramente rara vez
raro raro
rasgar rasgar
ratazana rata
rato ratón
razão razón
realmente realmente
receber recibir
receita receta
recentemente recientemente
recepção recepción
recibo recibo, factura
recolher recoger
recomendar recomendar
recompensa recompensa
reconhecer reconocer
recusar rehusar
rede red
redondo redondo
reembolsar reembolsar
refletir reflexionar
regressar regresar
regular regular
rei rey *(fem.* reina)
relâmpago relámpago
religião religión
relógio reloj
remendar remendar
renda entrada
reparar reparar
reparos reparaciones
repente repente

repetir repetir
repolho repollo, col
repórter reportero
representante representante
reputação reputación
residente residente
resistir resistir
responder contestar, responder
resposta respuesta, contestación
restaurante restaurante
resto resto
resultado resultado
retirar-se retirarse
retrato retrato
reunião reunión
revisar revisar
revista revista
revolução revolución
rico rico
rifle rifle
rio río
rir reír
risco riesgo
roda rueda
rodear rodear
rodovia carretera
rolha corcho
romance novela
rosa rosa
rosado rosado
rota ruta
roubar robar
roupa ropa
roupa de baixo ropa interior
roxo morado
rua calle
rubi rubí
ruído ruido
ruína ruina
ruivo rubio, pelirrojo

rum ron
Rússia Rusia
russo ruso

S

sábado sábado
sabão jabón
saber saber
sábio sabio
saca-rolhas sacacorchos
saco saco
saia falda
saída salida
sair salir
sal sal *(fem.)*
sala sala
sala de aula aula
sala de jantar comedor
salada ensalada
salário sueldo
saltar saltar
salto salto
salto *(de sapato)* tacón
salvadorenho salvadoreño
sanar sanar
sanduíche emparedado
sangue sangre *(fem.)*
sanitário feminino cuarto para damas
sanitário masculino cuarto para caballeros
santo santo
sapato zapato
satisfeito satisfecho
saudável saludable
saúde salud
se si
seco seco

secretário secretario *(a)*
século siglo
seda seda
sede sed
segredo secreto
seguida seguida
seguir seguir
segunda-feira lunes
segundo segundo
segundo *(de acordo com)* según
seguramente seguramente
segurança seguridad
seguro seguro
seis seis
selecionar seleccionar
selo estampilla, sello
selva selva
selvagem salvaje
sem sin
semana semana
semear sembrar
semelhança semejanza
semente semilla
sempre siempre
senha seña
senhor señor
senhora dama, señora
senhorita señorita
sensação sensación
sentar-se sentarse
sentença sentencia
sentimental sentimental
sentir sentir, lamentar
sentir saudades echar de menos
separado separado
ser ser
sério serio
serra sierra
serviço servicio
sessenta sesenta

sete siete
setembro septiembre
setenta setenta
seu su, suyos
seu; sua; seus; suas su; sus
sexta-feira viernes
significar significar
silêncio silencio
sim sí
simpático simpático
simples sencillo
sinal señal
sinceramente sinceramente
sino campana
sintoma sintoma
sistema sistema
situação situación
sob sob, debajo de
sobre en, sobre
sobre *(a respeito de)* acerca de
sobrecarga sobrepeso
sobremesa postre
sobrenome apellido
sobretudo abrigo
sobrinho sobrino
sociedade sociedad
sócio socio
sofá sofá
sofrer sufrir
sogro suegro
sol sol
soldado soldado
solitário solitario
solteiro soltero
somar sumar
somente solamente, sólo
sonho sueño
soprar soplar
sorrir sonreír
sorriso sonrisa

sorte suerte
sortido surtido
sorvete helado
sótão sótano
sozinho solo
suave suave
subir subir
submarino submarino
subornar sobornar
suco jugo
suéter suéter
Suíça Suiza
suíço suizo
sujar ensuciar
sul sur
surpresa sorpresa
sustentar sostener
sutiã sostén

T

tabaco tabaco
tal tal
talão de cheques talonario
talento talento
talheres cubiertos
talvez quizás
tamanho tamaño
também también
tanque tanque
tapete alfombra
taquigrafia taquigrafía
taquígrafo taquígrafo
tarde tarde
tartaruga tortuga
teatro teatro
tecido tejido, tela
telefonar llamar
telefone teléfono

telefonema llamada
telefonista telefonista *(masc. e fem.)*
telegrama telegrama
televisão televisión
temperatura temperatura
templo templo
tempo tiempo
temporário temporario
tenente teniente
tênis tenis
ter tener
terça-feira martes
terceiro tercero
terminado terminado
terra tierra
terraço terraza
terrível terrible
tesouras tijeras
tesoureiro tesorero
tesouro tesoro
testa frente
testemunha testigo *(masc. e fem.)*
teto techo, cielo raso
tigre tigre
tijolo ladrillo
tinta tinta
tintura tinte
tinturaria tintorería
tio tío
típico típico
tipo tipo
toada tonada
toalete excusado, retrete
toalha toalla
toalha de mesa mantel
tocar tocar
tomar tomar
tomate tomate
tonto mareado
torcer torcer

torcido torcido
tormenta tormenta
tornozelo tobillo
torrada tostada
torre torre
tosse tos
total total
toucinho tocino
toureiro torero
touro toro
trabalhar trabajar
trabalho trabajo
traduzir traducir
tráfego circulación *(fem.)*
tragédia tragedia
traje traje
traje de banho traje de baño
trancar cerrar con llave
trânsito tránsito
tratar tratar
travesseiro almohada *(fem.)*
trazer traer
trem tren
três tres
treze trece
trigo trigo
trinta treinta
triste triste
tristeza tristeza
trocar cambiar
troco cambio
trovão trueno
tubarão tiburón
tubo tubo
tudo todo
túmulo tumba
tumulto tumulto
túnel túnel

turco turco
Turquia Turquía

U

último último
um uno
úmido húmedo
unha una
único único
unidade unidad
uniforme uniforme
unir unir
universidade universidad
urgente urgente
urso oso
uruguaio uruguayo
usar usar
uso uso
usualmente usualmente
útil útil
uva uva

V

vale valle
valente valiente
válido válido
valioso valioso
valor valor
variedade variedad
vários varios
vaso tazon
vassoura escoba
vazio vacío
vegetal vegetal

vela vela
velocidade velocidad
venenoso venenoso
Venezuela Venezuela
venezuelano venezolano
vento viento
ver ver
verão verano
verbo verbo
verdade verdad
verdadeiramente verdaderamente
verdadeiro verdadero
vermelho rojo
vestíbulo vestíbulo, sala
viagem viaje *(masc.)*
viajante viajero
viajar viajar
vida vida
vidro vidrio
vila aldea
vinagre vinagre
vinho vino
vinte veinte
violão guitarra
violento violento
violeta violeta

violino violín
vir venir
virar volverse, darvuelta, voltear
visita visita
visitar visitar
visto visa
visto visto
vitória vitoria
vitrola tocadiscos
viúvo viudo
viver vivir
vivido vivido
vizinhança vecindario, alrededores
voar volar
volta jira
volta vuelta
voltar volver, regresar
voo vuelo
voz voz
vulcão volcán

X

xícara taza
xampu champú